La Consulta del Dr. Frodo (II)

(Late perceptions)

Alex Piret

Obras del autor

No ficción

Sánchez, Fernández y Girondo (no publicado)

Incunables I. El pensamiento salvaje

Incunables II. Hamburger Hamlet

Incunables III. 1984 (un diario)

Alrededor del mundo con 80 usd

Notas desde una habitación de hotel

Cultural chic (una memoria intelectual)

Vida urbana (cultura material y vida cotidiana en la ciudad)

The Alex P. private collection I

Españoles: daños colaterales

Historia de Yo. Instrucciones de uso (memorias I)

Historia de Yo. ¿Quién mató a Alex P.? (memorias II)

Historia de Yo. La leyenda del escritor menguante (memorias III)

Las memorias incompletas de Alex P. (memorias I, II, III)

Reality bites (The Alex P. private collection II)

The Grub Club (El blog de Alex P.)

Los papeles del Club

La consulta del Dr. Frodo I

La consulta del Dr. Frodo II

Ficción

"The Passing show" (no publicado)

La Reina Alicia (no publicado)

Una mujer de 54 kilos (no publicado)

Pequeños viajes para tipos duros

2100 DC (una memoria del futuro)

Dr. Frodo,

Finalmente me he decidido a escribirle en este formato tan à propos, guardando eso sí un conveniente anonimato que no va en perjuicio de nada de lo que aquí se diga, aunque sólo sea brevemente. Le cuento que mi madre es una narcisista patológica (al parecer de las que abundan en el espacio doméstico de la camorra napolitana), y mi padre un maníaco depresivo de perfil bajo con una fuerte tendencia al suicidio (asistido), imagino que no sólo al suyo, sino al de otros también, y por motivos por lo general irrelevantes. En ninguno de los dos casos, debo decirle, los pacientes han sido diagnosticados, aunque sí tímidamente relevados en la sintomatología clásica de quien le habla, que lejos de ser un psiquiatra de la SEP o Sociedad española de Psiquiatría, sí puede presumir de formar parte ex officio de la prestigiosa escuela del nunca menos académico Oscar M., a la que en el futuro me referiré sólo como "la Escuela". Para sus archivos le diré que soy caucásico blanco de mediana estatura y que me encuentro en la treintena, único hijo (de haber tenido otro, un hermano como suele decirse, se hubiese largado de este infierno antes de cumplir los dieciocho). Pero, yendo al grano, confieso que el presente correo no tiene otro objetivo que hacerle llegar lo mucho que me preocupa si con un currículo como este y mi potencial hereditario para trastornos de conducta parecidos o versiones aggiornadas de los mismos, seré capaz algún día de encontrar un trabajo bien remunerado en el sector público, en el mundo de la empresa o en el de los profesionales liberales. Podría decirme cuál es su opinión al respecto. Si el mío es un caso recuperable, digamos que espontáneamente, o si por el contrario debería buscar la clase de asesoramiento médico habitual en estos casos, y me refiero al psicoanálisis y/o a las terapias de modificación de la conducta.

Berto, por email, Huesca

Estimado Berto, si no recuerdo mal oriundo de Huesca, bonito municipio y capital de la provincia homónima… o acaso dijo usted huelga, o Huelva, con H de *hipercathexis* o sobrecarga (del ego). Déjeme decirle, para empezar, que probablemente no en tiempos de Freud, pero que a la fecha se encuentra usted más que cualificado para un puesto de mierda como ese al que aspira, y *huelga* decirle (fíjese en los parónimos a los que aludo, que probablemente tengan un sentido propicio a las peculiares circunstancias personales en las que se encuentra) que está usted preparado para cualquier práctica normalizada que le salga literalmente de los huevos, y exactamente por los mismos motivos que tanto prodiga negativamente, y que no me cabe duda de que dispone de las capacidades naturales que hoy se requieren a tal efecto.

Mientras -y tómeselo como una advertencia- no piense ni por un instante en dedicarse a la narrativa que hoy circula por los medios y en los *plots* editoriales, a la ficción en sentido amplio, que como ya sabrá, hoy está en manos de gente convencional y aparentemente saludable que habita en un entorno predecible y normalizado, por lo general limpio, saneado y perfectamente ajustado a las necesidades básicas, y con trastornos de conducta quizás, pero digamos que los justos y del orden de las patologías leves, como la estupidez o la dramática falta de recursos intelectuales, no digamos ya literarios. Con esto quiero decirle que si usted procediese de un entorno de mierda, higiénica y moralmente inaceptable, y permítame que me refiera ahora, por ejemplo, a los Bayleys -por no mencionar a otros que conozco- el matrimonio formado y largamente compartido durante casi cincuenta años, entre Iris Murdoch y John, John Bayleys, gente de la que usted nunca oyó hablar y por supuesto no conoce, y que pese a acreditar un puesto de profesora en Sant`s Anne College, Harvard (Iris) y en Warton, Oxford (John), respectivamente, vivían al borde mismo de la sordidez en su astrosa vida doméstica, en compañía de ratas, ropa sucia, periódicos viejos, libros y toda clase de despojos, incluido un pastel de carne que desapareció en la cocina y nunca más se supo de él (la cita es de Kingsley, otro vástago del Alzheimer). De ser así, le digo ya que sería usted perfectamente incompatible con ningún género literario conocido de los que hoy se prodigan tan panchos.

En cambio, si estuviese usted interesado, por ejemplo, en el mundo de las Bellas Artes, como se decía antes, o en el de la empresa a una escala global o pandémica de las que se llevan ahora, o quizá en el de la política internacional o local, tanto monta monta tanto, y en la misma línea también de los profesionales liberales y del asesinato como una de las bellas artes, ya le digo que tiene el camino abonado y el éxito asegurado. Y si no me cree, permítame que le de algunos ejemplos, sin ánimo de someterlo a forma alguna de terapia por muy heterodoxa que parezca.

Si se tratara de las Bellas Artes, piense en Jeff Konns, sin ir más lejos, empresario conceptual y artista estadounidense, y dígame si no hay que sufrir espantosos trastornos conductuales para hacer las pelotudeces que hace y al mismo tiempo estar exageradamente sano y prodigarse para vender sus tocomochos mínimo a medio palo verde, tanto a devotos como a detractores. Y si no sabe por qué digo esto, ya mismo se lo aclaro. Porque el arte vive hoy en connivencia con los mercados, y a los mercados no hay quien los entienda. Mientras que si por una de esas fuese usted hoy digamos un Leonardo da Vinci, polímata y florentino del Renacimiento, no italiano sino de *Huelva*, o un Miguel Ángel Buonarroti, y no de Caprese, sino de Huesca, le aseguro que estaría ahora mismo pegando sellos con las pifias de su esfínter anal o con la lengua, o mendigando en las calles. Porque si hay algo que debería saber es que lo que hoy se premia en el mercado de valores, de esta o cualquier otra naturaleza, no es la belleza plástica, la perfección técnica o el anticipo intelectual de ciertas propuestas, sino un patético algoritmo que compromete la valoración introspectiva de las propias limitaciones, a ser posible enunciado sin el más mínimo pudor o decoro. Y ahora mismo, le confieso, que ignoro si me está entendiendo.

Si, en cambio, elige la empresa global como alternativa a una carrera de éxito en este laberinto de ratas del *Experimento Kerplunk* que es el arte contemporáneo, debería olvidarse de los negocios de cercanía, o las conservas de calidad o los arreglos florales, o de los quesos de producción propia que venden los franceses, el epoisse en Borgoña, por ejemplo, o los sardos, el marzu en Cerdeña, o la clase de cosas absurdas que producen los japoneses en lugares claustrofóbicos, pequeños y austeros. Olvídese de todo eso y dedíquese a pensar en un único producto absoluto, el ser y la nada, ya sabe, que les guste a todos y que reúna las cualidades de todos los otros y que sea él y lo contrario de sí mismo al mismo tiempo, como dicen los copys de ING, pero siempre de una manera excluyente. Como el *Amazon* del otro Jeff, el tal Bezos. Y que tal cosa u objeto pueda vendérsela no sólo a sus amigos o a los vecinos de su pueblo, sino por lo menos a cien o a mil millones de personas, y recuerde ponerle un valor más bien ajustado por debajo de los precios de mercado. Y permítame ahora que no le dé más claves, porque de tenerlas le aseguro que me ocuparía personalmente del asunto y dejaría todo ésta estúpida práctica analítica en manos de otros, de usted incluso que parece reunir los atributos necesarios.

Y si es usted, querido Berto, igual de estúpido que ambicioso, y sea la política internacional o local tanto monta monta tanto, lo que le interesa, no podría hacer una elección más conveniente. Hoy ya no importan los contenidos intelectuales (palabro éste último perseguido por los nuevos inquisidores), no interesa el pensamiento en su forma más progresista. Se llevan las vísceras y una suerte desafortunada de ímpetu destructivo a la par que animoso y especialmente entretenido, cutre y peligroso, una curiosa declamatoria difamatoria visceral y torpe que no dice nada pero que conlleva una alta dosis de adrenalina y fuerte presencia de uno mismo en su peor forma, un estado de gracia inmaculada de autoconfianza patológica. Da igual que proceda de una familia de campesinos en Almería o de la misma Huelva, o si su padre se dedicaba a cobrar deudas vestido de negro. No importa una mierda si ha estado en Eton y luego en Harvard, o en los Hermanos de las Escuelas Cristianas, olvídese de todo y conserve sólo los tics que lo hacen único, porque lo único que está en juego -como dicen los bárbaros- son sus *entertainment values.* Y si no me cree, hojee las páginas del *Mail* o del *Daily Telegraph*, o de la *Fox* y el *Wall Street Journal,* y busque los nombres que ya conoce, como Trump o Boris Johnson, y no se le ocurre meterse en zonas de alto riesgo como *Libération* o en tabloides digitales de izquierdas.

Y si al final no lo consigue y opta por ser fiel a valores más reconfortantes, siempre le quedará la posibilidad de dedicarse a la cría en cautividad de rapaces volátiles, como el águila real filipina, o permitir que su padre lo asista suicidialmente (y vea que me invento este vocablo sólo para su diagnóstico). O, si lo desea de verdad *à la facon* de una manera auto punitiva, quédese a vivir con su madre el tiempo que haga falta y hágale el juego a su narcisismo patológico casero que tanto se parece a sus macarrones al ragú *napoletano*. Porque, a decir verdad, y como ya es tópico en la Escuela, ya lo han hecho la mayoría de las personas de verdad inteligentes. Y si no me cree, mírelo a Roland Barthes (al que me imagino usted tampoco conoce) que vivió con su querida Henriette toda su puta vida, como dice la jerga psicoanalítica en Palermo Sensible o Guadalupe, desde que nació (él) hasta su fallecimiento (el de ella) en el setenta y siete. Y si no, piense en el mismísimo Borges, que hizo la propio con la suya, Leonor Acevedo Gómez, hasta su muerte (la de ella) en el setenta y cinco, y antes de cometer la imprudencia de casarse en Paraguay con una nipona de Pampa y la vía. Porque tal como están hoy las cosas, querido Berto, da lo mismo si lleva un trio o un póker de ases o si va de farol, lo que importa es dar la nota, y como diría Borges de la guerra de las Malvinas, al final de cuentas, en la vida como en el gotán, no son más que "dos pelados peleándose por un peine".

La otra noche de calor sofocante soñaba que estaba durmiendo en calzoncillos en mi propia cama y sobre unas sábanas blancas que también eran mías, y resulta que lo estaba haciendo también en mi propia habitación, o por lo menos en una cuyas particularidades eran exactamente iguales a las que posee el apartamento en que habito, unos tres o cuatro días a la semana. Recuerdo que me encontraba del lado derecho, junto a la ventana, de manera que pudiese disfrutar de la escasa brisa que se cuela por ésta a primeras horas de la mañana y antes de despertarme a eso de las siete, cuando pensé en que por algún motivo deseaba rodar sobre mí mismo y desplazarme al lado opuesto de la cama, al lado izquierdo de ésta, y no arrastrarme a la manera de los gusanos como suelen hacer los durmientes normales. El caso es que me desperté en el suelo y con un fuerte golpe en la cabeza que se produjo al caerme y golpearme con el borde de la mesilla de noche y voltear mi veladora de papel japonesa. Desde el suelo, algo perplejo, pensé durante los que creo fueron sólo unos segundos, si había soñado que me había caído de la cama de la manera descripta, hoy si por el contrario soñar era lo que estaba haciendo en aquél preciso momento, si alternativamente ambas cosas eran, habían sido y estaban siendo un sueño, *o ninguna de las dos lo eran ni lo habían sido, y yo era una especie de derviche estúpido girando sobre la espalda y no sobre los metatarsianos y las falanges, y no más de tres o cuatro segundos. La pregunta que le hago Dr. es si no le parece que los sueños son la mayoría de las veces estúpidos, lo mismo que su interpretación y posterior análisis.*

David, Tres Cantos, Madrid

Joder, David, ahora sí que ha tocado usted una fibra. Casi puedo oír al viejo Segismundo revolverse en su urna de Hoop Lane, Goldres Green, Londres, mesándose los cabellos. Entre usted y yo, y le prohíbo que esto salga de nuestros cuarteles, le confieso que un servidor ha pensado siempre lo mismo. Y cuando digo siempre quiero decir siempre, y no desde el preciso momento en que he tenido mi propio sueño estúpido, o tenido que escuchar los de otros, que como imaginará suelen ser de parecida o similar naturaleza.

Para ir por partes, le diré que el suyo no es de los peores, al menos tiene esas características de naturalidad y familiaridad que lo hacen menos superfluo, y juega con valores seguros. No obstante, y para no faltarle al difunto y también maestro, juguemos un poco a su mismo juego, aunque nuestras intenciones sean muy diferentes a las de éste. Créame que no estamos para joderle la marrana a tan ilustre personaje.

Me dice que el apartamento era el mismo, o al menos el dormitorio, y que sus sábanas blancas también, *idem* con otras particularidades del recinto. Lo que no me dice usted explícitamente es si sus sábanas eran de algodón 100 x100, y si las compró en Ikea con la parienta; tampoco parece referirse a que usted duerme tres o cuatro noches fuera de casa, lo que da claros indicios de que está pasando por una rotura o una zona de fractura con su pareja. Tampoco parece advertir que llama *su casa* a la otra, a aquella en la que duerme el resto de los días de la semana. Tampoco parece referir que le haya sucedido nunca algo parecido estando residiendo en ella, lo que hace pensar que hay motivos de mayor interés en el viejo hábitat, y dado que resulta evidente que duerme usted solo habitualmente por los motivos que sean, y no con su conyugue o amante, y que esa otra discreta o casi sutil presencia deduzco deber ser un niño pequeño, de diez o doce años quizás, y ya verá porque lo digo, (una suegra o suegro cohabitando con alguno de sus hijos no generaría metáforas de la misma clase).

Me dice que pensó en girar hacia la izquierda como un derviche sin tener presente que los turcos al menos giran siempre hacia la derecha y lo hacen en posición vertical erecta y durante incontables minutos o incluso horas (y le recuerdo que la mencionada es una fraternidad sufí musulmana que persigue la santidad por ascesis y que proceden del siglo XII -la misma edad que presumiblemente tiene su hijo- y probablemente también un número icónico en su cultura onomástica).

Lo que no me dice es que ha habido elecciones recientemente en su país y que ha ganado de manera ajustada la izquierda y al parecer infructuosamente, porque en ausencia de pactos todavía no gobiernan los que deberían estar haciéndolo, fractura o desgarro, término no del todo psicoanalítico que como usted habrá percibido se parece sospechosamente a lo que imagino es su actual condición de pareja.

También me hace saber que al final del evento se cae usted al suelo golpeándose la parte de atrás de la cabeza con la mesilla de noche, haciendo referencia claramente a lo que, sin duda alguna, habrá sido una experiencia dolorosa que ocurre no exactamente en la cama sino fuera de ella, el no va más de la exterioridad para los que no son completamente felices, depresivos, atribulados o ex parejas ligeramente neuróticas.

Luego me dice que permaneció en el suelo reflexionando durante lo que al parecer sólo fueron unos segundos, pero podría haber sido un tiempo mucho más largo (como los derviches que tiene sólo una relación accidental y superflua con el tiempo), pensando dice, si la caída o el desplazamiento eran de verdad parte de un sueño, o si los dos lo eran, o incluso si ninguno de ellos lo fue, y si esa clase de ejercicios no parecían evidentemente una práctica habitual en el lecho, sino que había sido ejecutada por primera y única vez durante la vigilia.

Y esa es más o menos toda la información que me ha hecho llegar por correo, y por lo que hay y especialmente por lo que falta o está ausente, y en especial por todas las cosas que dicen haber sido cuando en realidad han sido otras, me permitiría que llegue a algunas conclusiones, para al final reservarme el derecho a dar respuesta a su pregunta.

Primero, y lo más importante, es que a usted parece importarle literalmente un carajo lo que ha soñado o dejado de soñar, y resulta evidente que no concede ninguna credibilidad o importancia a esa clase de desplazamientos. Y segundo, que en ningún momento hace mención a la necesidad de que su sueño vaya a ser interpretado, por mi o por cualquier otro, y mucho menos por usted mismo.

Dicho esto, me atrevería señalar algunas particularidades que tendría usted que poner en valor :

uno, debería tener presente que las sábanas en cuestión eran blancas y de algodón, lo que denota una cierta espuria vinculación a sus necesidades personales o fobias, como la de Freud hacia los trenes; dos, que fueron seguramente compradas junto con su esposa en una ocasión especial con seguridad anterior a su rotura, sino es más que probable que no hubiese hecho mención a este detalle; tres, que su giro a la izquierda coincide plenamente con el de la voluntad pública en el preciso momento de las elecciones o interinato para el caso, y que quizás, aunque no de una manera manifiesta, una de las razones de su ruptura sean de índole política, o mejor dicho pertenezcan a esa esfera íntima del subconsciente en donde la política adopta sus maneras más personales y nocivas; cuatro, que los movimientos de los derviches (cofradías turcas musulmanas) tengan una relación directa con su ex que no sería de extrañar fuese un poco filo persa y/o turca, aunque poco propensa a las danzas giratorias, y dígame por favor si me equivoco; cuatro, que la contingencia del proceso o rizoma por ausencia de pactos o entendimiento o simplemente por acción del ego, no sea otra cosa que una metáfora compleja de su crisis de pareja (que usted sutilmente no manifiesta) en donde no todas las partes se subordinan a las otras, y en la medida en que estas filiaciones político-personales se hacen por lo general mucho más extensivas de lo que parece; cinco, que la existencia de dolor (a causa del golpe) no sea otra cosa que un *reminder* de su situación personal dolorosa, y el hecho de que esta se haya producido en un sueño aparente tenga relación directa con su pretendida afasia, falta de reciprocidad e inercia pasiva en la demostración de sus propios sentimientos dolorosos, a cuenta quizás de una hombría mal entendida, exactamente igual a la que se dirime en la actualidad en política; y sexto, el hecho de que usted duda de si la mencionada experiencia ha sido un sueño, o si lo ha sido solo en parte, o si quizás no lo haya sido en ninguna de sus manifestaciones, y no sea más que otra manera ligeramente absurda de poner en evidencia su actual estado de rotura dolorosa e introspección profunda de una crisis que, me atrevería a decir, es mucho más material (como la política) de lo que parece.

Ahora, y vamos a la respuesta que usted espera, si está convencido de que estas conclusiones tienen algún sentido, marque una cruz en la casilla de la derecha y otra en la de Segismundo. En caso contrario, marque una cruz en mi casilla y en la de Facundo, y quédese con el razonamiento siguiente: los sueños pueden ser estúpidos o no servir para nada, salvo para hacer la somnolencia más entretenida y agónica y darnos una pista al final de lo que nos espera cuando nos toque la parca y estiremos la pata, y no hagamos otra cosa que soñar aunque fuera de nuestro cuerpo y de manera permanente, lo que da una angustia como muy astronómica o de gran tamaño. O puede que tengan algún significado y nos digan algo, aunque ese algo simplemente no sea interpretable.

O puede que al final sí puedan interpretarse, cada uno y cada doctorcillo como se le cante, y al final se quede usted dando botes en el espacio como George Clooney en *Gravity*, de Cuarón, y convencido más que nunca que lo que usted necesita de verdad no es que interpreten un carajo sus pelotudos sueños ni las metáforas de su subconsciente, sino que le saquen las castañas del fuego, y ya mismo y rapidito que tengo más mesas.

Así que, estimado, David, permita que no le haya dado una respuesta clarividente del tipo sí o no, o si le gustan los huevos *sunny-side up or flipped*, sino a lo sumo esta especie de aproximación dilatada de la que usted podrá sacar sus propias conclusiones. Porque de decir lo contrario a lo que se viene diciendo desde hace ya más de ciento diecinueve años, no le quepa duda de que me sacarían literalmente cagando leches de la APA, la *Ecole Freudienne* de Paris o de la Biblioteca Gallega de Estudios Freudianos, o cualquier otra asociación de canallas, y me quedaría, como Agatha Roth, tirando las cartas del Tarot en la tely y a altas horas de la madrugada.

Le confieso que cada día que pasa no dejo de
sorprenderme con las preguntas que me hacen mis
asociados. Y la suya no sólo me parece pertinente, sino
mucho más inteligente en relación a otras que
reflexionan, por ejemplo, sobre el origen del universo, la
naturaleza del alma o la existencia de un ser
omnipotente en la línea del hijo de Jor-El y Lara Lor-
van, los padres de Superman en el planeta Krypton. El

caso es que un servidor, mi querido e inquisitivo Luis, también se ha hecho esa misma pregunta en más de una ocasión, aunque formulada digamos de una manera menos pragmática y en el contexto, por ejemplo, de la naturaleza misma de la cosa. Entiéndame, si la mierda, y perdone que sea tan elocuente es aproximadamente negra o de las diferentes tonalidades del marrón, por cual misterioso motivo las escobillas suelen ser blancas.

Para nada. Quiero decir que para nada me parece una pregunta inadecuada. Y no se equivoca usted un ápice en el hecho indudable de que pienso sacar de esto conclusiones, sino precipitadas, ligeramente irresponsables sobre su propia persona. Para contextualizar, me gustaría que hubiese usted incluido una nota a pie de página aclarando si tiene por casualidad ascendencia judía, o si es usted más bien emersoniano, y me refiero al Ralph Waldo Emerson, el trascendentalita, y no a Emerson de Souza, ya sabe. Aunque me inclino más bien por la primera, siendo Montevideo tierra de adopción también de algunas pequeñas, pero crudamente efectivas comunidades rabínicas, y su nombre empieza con la M de Minneapolis, lugar en que como usted seguramente ignora, vivió y trabajo a los treinta y pocos mi apreciado Bellow, que para entonces se rascaba los bolsillos con

Anita, otra kosher diligente, y vivió sin un nuevo séquel ni anticipar para nada la pasta que haría en el futuro.

Para contextualizar, decía, no es para nada una pregunta conservadora pero sí podría ser judía, en el sentido más prosaico y vulgar del término, más de cuando los judíos juegan en su cancha que cuando van por ahí de internacionales y se dedican a cosas serias como la literatura americana o al trading del tipo *Margin Call,* de J.Chandor, y otros bancos de inversiones, o al descubrimiento de leyes físicas generales. Los conservadores, como todos saben, están mucho más por la labor de dar por culo con su obviedades y simplezas y defender sus jodidos valores tradicionales, y nunca se le ocurriría hablar de las deposiciones sean las propias o las de los otros tories, en especial por cuestiones de etiqueta y/o protocolo, y sus cosillas fecales, por lo general, las elaboran mucho más en la administraciones públicas y lugares similares.

Sepa que, en la escritura al menos, el inconsciente lo hace todo, y por algún motivo me parece apreciar en usted alguna de estas mismas cualidades. Y si no me equivoco estoy más que seguro que, amigo Luis, es usted un escritor en ciernes -que no un excretor- dando sus primeros y titubeantes pasos. Y ese es el único motivo que me gustaría pensar lo conduce a hacerme estas preguntas tan literarias que la mayoría de los escritores del mercado eluden, mientras que los principiantes y en ocasiones los auténticos genios que nadie percibe, cultivan amorosamente en sus jardines de lirios y jacintos.

Sepa que *chutzpak* (*descaro temerario* en Yiddish) es propio de tan singular y curiosa cultura y rara vez se encuentra entre *wasps*, conservadores de los nuestros y otros comemierda de derechas, como se dice vulgarmente, gente que lo practique. Y que esa clase de preguntas están muchas veces -y otras no tanto- en el origen mismo de la curiosidad intelectual más pura. Y no sería de extrañar, querido Luis, que en la próxima entrega lo encuentre a usted mismo, indagando sobre la presencia de agujeros negros en los sistemas de galaxias cercanas, por no mencionar el que tenemos justo enfrente de nuestra bonita vivienda planetaria. Detectar mierda en la escobilla de su cuarto de baño o en el de algún familiar cercano, sin mencionar las escobillas de bares, *locals* ingleses o irlandeses, o progres de Starbusks, neos y fake intelectuales que hoy hay más que negros cabellos en el muffin de una griega -*Mudbound* dixit-, entiendo que no es necesariamente lo peor que pueda sucederle a uno en la vida. Pero no me negará que tal preocupación tiene al menos esa

cualidad universal de lo sutilmente elaborado y como
una cadencia pionera en el uso inteligente de nuestras
mejores neuronas.

Tenga en cuenta también que la perspicacia y el genio,
siempre compatibles, habita, Luis, en los lugares más
poco frecuentados e insospechados. Puede encontrarlos
en los libros más difíciles, en los cursos de verano de la
Universidad Internacional Menéndez Pelayo o junto al
dispositivo Roca o Porcelanosa de su casa, reposando
plácidamente sobre un húmedo y asqueroso cuenco de
plástico -material versátil y contaminante donde los
haya- ligeramente embalsado por una mezcla de agua y
restos de sus desperdicios sólidos.

Claro que podría darse el caso también de que usted
sea excesivamente escrupuloso o maniático y lo suyo
sea un caso agudo de cromatofobia o fobia a los colores,
o de coprofobia para ser exactos. De ser sí le ruego
acuda usted a la consulta de un terapeuta un poco más
ortodoxo de los que se ocupan de esos casos que yo
llamo anecdóticos, y no a un especialista en leyes
universales y válidas para todos, precisamente como el
que lo atiende en el presente. No obstante, si usted es
un escritor, presupongo por obvios motivos en el inicio
de su carrera, le aconsejo no se le ocurra acudir jamás a
un loquero, ni a nadie que le tire las cartas, por mucho

que piense que se ha pasado tres pueblos del principio del placer, por decirlo de tan *agreable way*, y está usted ya de lleno en el malestar de la cultura, por si le suena de algo.

Una vez contextualizada su duda, permítame que le diga ahora que para entrar en materia debo ser un poco más incisivo y excluyente y encontrar la información necesaria que me permita situarlo del lado de los raritos o extravagantes (mongolos, como se dice ahora) que ven siempre la mierda en la escobilla ajena, o del lado de los intelectuales. Mierda, como se imaginará es el vocablo clave, y cuando habla de escobillas blancas están pensando en realidad en la mierda, que es por lo general marrón, café con leche o castaño, pardo o canela, y no en el hecho trivial que resulta completamente ajeno a nuestros intereses personales, por ejemplo, de que las estrellas están formadas por gases recalentados y cosas así. Me pregunto por qué no se me cuestionó sobre el paradigma mucho más lógico de por qué oscuro y peregrino motivo las escobillas de váter no son, sin ir más lejos, todas negras.

Y me pregunto si usted alguna vez reflexionó sobre el simple hecho de que esas preguntas no sólo no se hacen, sino que tampoco siquiera se plantea el hacerlas por una simple cuestión de protocolo. Sepa que, en la sociedad bien intencionada de nuestros valores

burgueses, esas cosas no se mencionan nunca, y jamás

se entra en detalles sobre ellas si no se quiere correr el

riesgo de que lo clasifiquen a uno de cabrón fecal

instintivo, un escatológico de muy mal gusto, un puto y

promiscuo judío o un agnóstico *à la facon*. Porque para

ellos todo, absolutamente todo, y no solo las escobillas

de váter, viene en blanco y negro, y el resto es dar leña

al hebreo (como diría el Rey Arturo PR -el único que

pudo con la espada de Merlín- desde su sillón en la

Academia (risas) y doble paréntesis).

Ha pensado acaso por qué estúpida razón el personal

las compra por lo general blancas, cuando podría

comprarlas negras si busca con un poco más de

iniciativa. Si es acaso por superstición o motivos

ocultos, o porque piensan que expandirse sobre el tema

es peor que te mire un tuerto.

Ha pensado que no es de persona educada en la

religión católica o protestante ni de buen español, o

uruguayo para el caso, que mirar la mierda que se ha

pegado en el váter de su casa es muy mala costumbre,

además de un síntoma claro de afinidad o amor por los

detritus.

Ha pensado acaso que el blanco es el color de la

pureza y las buenas costumbres, y el color preferido del

Klan, por si viene al caso, y que los negros cagan negro en el *bush* y en el campo, como diría la doctrina reaccionaria. Y que el negro es el color de la muerte y del final de todas las cosas, y ni siquiera viene en tonalidades (aunque no sea del todo cierto), y que está re bien si lo llevan los Tous o el señor O`Ghery, entre otros muchos arquitectos de salón, pero nunca en el entorno del viorsi (o baño) en donde todas las tonalidades deberían ser de colores pálidos o las gamas del blanco, nuclear, ivory o márfil, hielo o champagne, que en ningún caso es el color de las heces, el detrito o la boñiga, salvo que proceda del difunto primate occidental o gorila albino de Guinea Ecuatorial del patético zoo de Barcelona, o sufra usted o alguno de su familia de hepatitis o cirrosis o algún trastorno hepático.

Yo le diría Luis que se lo hiciese ver, por su propio bien, y el de su familia, y que no hable con un cabrón de analista reduce cabezas, y que lo haga a ser posible con el cura católico o irlandés en Brookline, su nuevo barrio de Boston, o en Retiro, Villa Muñoz o en la calle Porongos, ante la eventualidad de que pase sus groseras vacaciones en el barrio judío de Montevideo, tierra en donde se caga con libertad y a nadie le importa si el castellano viene de La Rioja o es una lengua muerta que parolan los gallegos de España.

Y para poner punto final, tenga presente que lo que de verdad procede, si es que usted quiere conservar un poco más su salud mental más o menos íntegra a pesar de su eventual judeidad o filosemitismo, lo de verdad importante es que conserve su váter blanco como el mármol macael o carrara, y su escobilla, sea ésta negra o blanca o de un delicado color oro con un ochenta de saturación y mucha luminosidad, esté también impecablemente limpia, ante la eventualidad de visitas con necesidades biológicas apremiantes (todos sabemos que a los tipos que saben comportarse les gusta cagar en casa), y en especial para que usted se sienta a gusto consigo mismo y se olvide de los demás, y ni siquiera imagine que sus restos fecales mantienen alguna clase de vínculo digamos cognitivo con su persona de usted.

Dr. Frodo,

Pienso empezar mi trabajo de doctorado en octubre en la Universidad Pontificia de Salamanca, que goza como usted sabe de un inmerecido y reconocido prestigio y de un dudoso gran pasado. Estaba pensando en dedicar unos trescientas páginas a un espacio de 1.5, en Time y en unas treinta y tantas líneas por página a demostrar mi hipótesis personal de que Dios, ya sabe Dios, nuestro creador con domicilio conocido en las nubes, el tipo con barba blanca y túnica griega o quitón a juego (pienso que esos detalles son de verdad importantes), un tipo como enigmático y buenazo a pesar de que vaya por ahí dando matarile a diestro y siniestro, entre otras muchas otras cosas no tan buenas y más bien sarracenas o moriscas, decía demostrar que Dios padre no es precisamente ningún santón, ni un cabrón con ascendentes en los dioses paganos y con balcones a la calle, ni el Capitán Trueno, sino un super masivo agujero negro, es decir una concentración de masa lo suficientemente elevada como para que...bueno, ya sabe, un auténtico cabrón de agujero de los que uno no tiene em casa, y con menos sensibilidad que una pared blanca o un cangrejo vivo en un puchero caliente. Y que si va dando leña por ahí no es que lo haga queriendo o con aviesas intenciones, sino que lo suyo, al parecer, es más bien impartir justicia, aunque no la entienda nadie. ¿Qué le parece, quiero decir mi tesis de doctorado?

Me encantaría poder leer sus comentarios, y entérese que las chicas también hacemos estas cosas.

Bea, por email, desde Salamanca

Me coge usted de sorpresa, querida Bea, pero me parece bien, peor sería que se dedicase usted a matar pájaros con honda. Ya sabe. Y le anticipo que cuando dice *estas cosas* pienso inmediatamente en el proselitismo religioso, que siempre ha sido y es cosa de hombres.

No obstante, y antes de hacer ninguna declaración en éste u otro sentido, debo decirle que es más que en raras ocasiones que un servidor piensa en Dios o cualquiera de sus acólitos y amistades de referencia, en el éter o aquí en la tierra. Y que si piensa en agujeros negros, lo hace por lo general sólo en aquellos otros que probablemente usted se imagina, y no son otros que los lugares oscuros sí y ligeramente profundos repartidos por lo general a lo largo y ancho de la anatomía del cuerpo, del cuerpo de la mujer claro está, o en el de otros mamíferos propicios a excretar pública o explícitamente, y rara vez en los de los propios hombres que disponen de unos orificios mucho menos atrayentes

-o pensándole bien de sólo uno- salvo claro que el susodicho juegue como persona o trolo en el bando de los morfetas, o como se dice vulgarmente, en el bando contrario.

Y si se trata de los otros, de los auténticos agujeros negros con sus cosas gravitatorias y restos fríos de antiguas estrellas, déjeme decirle que tampoco pienso un carajo en ellos, entre otras cosas porque ni siquiera me siento capaz de contextualizarlos ni darles acomodo en mi pobre imaginación científica, porque los *tzantzas* o reduce cabezas somos por lo general exactamente lo opuesto a los astrofísicos y otros físicos teóricos.

En cambio, y dígame si no le resulta gracioso, que cuando me hablan de tales entidades, en el que de verdad pienso es en Stephen Hawking, más quieto él también que un crío jugando a la mancha venenosa, dándole matarile romántico a su primera esposa, Jane, y cambiándola por su enfermera que sabía mucho más sobre esos y otros agujeros que afectan directamente al alma, y no presumía de ningún *Ma* o *PhD* en Cambridge. Y pienso en si se le pasarían también a él por la cabeza esos mismos agujeros en los que yo pienso, y en tomarse, aunque sólo fuese en raras ocasiones las cosas un poquito en chanza, como lo hacen los rayados, cuánticos, cosmólogos, físicos teóricos y astrofísicos varios. Pienso en el agujero negro que le quedó a la pobre Jane Wilde Hawking en todo el medio del alma, entre otras singularidades espaciotemporales, después que el ilustre Stephen le diera los papeles.

Debo decirle, Bea, que me cuesta mucho pensar que Dios sea un agujero negro super masivo o para el caso un agujero cualquiera, aunque tenga toda esa capacidad gravitatoria y más densidad que una tarta de Santiago. Entre otras cosas por el color o la ausencia de éstos, y como usted bien sabrá porque estudia en Salamanca, agujeros negros los hay por todas partes en el universo e incluso en nuestra galaxia, y se supone que Di (de Dios) es residente en la mayoría y profesor visitante en todas y cada una de ellas. Y sepa que la iglesia y al vaticano, que son su bufete de abogados aquí en la tierra, al estilo de Garrigues, Cuatrecasas o Uría Menéndez, prefieren imaginarlo blanco, entre otras razones porque el negro es el color de los finales y no el de los principios, y el color de la mierda, tal y como le decía hace apenas unos días a otra de mis pacientes o analizantes.

Así que, Bea, me inclino a pensar una de dos, o que Dios practica el blanco como el super blanco del Dr. Beckmann o las enanas blancas, pero que en ningún caso discurre por los matices del negro o del gris oscuro, que pertenece a cosas más terrenales que involucran a nuestro indolente espíritu humano, que él es como el blanco de una estrella incandescente o el de un página en blanco, el blanco de una pared desnuda, o el de algo que simplemente no existe.

Tampoco me parece correcto que usted vaya precisamente a Salamanca y luego se le ocurra hacer su doctorado diciendo cosas como éstas, a sabiendas de que en la Pontificia y en sus cuadros están todavía en la época anterior a la división del átomo o en la época de cuando Dios se escribía con *h*, están lo que se dice en bragas, cristianamente hablando, en todo lo que se refiere a materialismo astronómico y naturalismo religioso, y puede que algunos de ellos sean todavía terraplanistas. Sepa que para eso uno se va a lugares como Cambridge u Oxford, lugares mucho menos obtusos en los que manda sobre el espíritu reformista la Iglesia de Inglaterra, que es mucho más Boris Johnson que del ilustrísimo y Alma máter Carlos López Hernández, Obispo de Salamanca.

Como ya se habrá percatado, mi estimada Bea, no soy lo que se conoce corrientemente como un individuo creyente o religioso. Los que estudiamos el comportamiento humano desde una perspectiva psicoanalítica o difusa más o menos dialéctica y sin concesiones a prejuicios metafísicos o tiros al aro desde media cancha, no es de sorprender que no lo seamos. Resulta evidente que soy mucho más fan de *The Hitch* y de Groucho, y de pensar que lo nuestro es mucho más cosa del azar y las leyes evolutivas, y la mala conciencia de algunos simples compuestos orgánicos en el caldo primigenio y de algunas proteínas y lípidos con muy mala onda, y otras cosas minúsculas de igual o parecida naturaleza. Y que, de existir algún agente creador reconocido, está solo en la imaginación de tipos con pasta, como Tony Stark, Steve Jobs o Elon Musk, y serían algo así como los SOs, Space X y el Hombre de Acero juntos.

Y en cuanto a los supuestamente auténticos agujeros negros de Hawking y la ausencia de un horizonte de sucesos, déjeme que le diga que comparten naturaleza con el que está en las nubes, y en lo que a mí respecta, son mucho más del orden de la imaginación científica desbocada y la teoría de los nudos, aunque yo no fui a clase ese día.

Querida Bea, me temo que yo, por ignorancia o agnosticismo, me he quedado en la turba, en lo que podríamos llamar las partes aberrantes del espíritu humano, su egoísmo gravitatorio y la fuerza del ego, y cuando me hablan de Hawking pienso mucho más en la pobre Jane Wilde, la escritora, como ya le dije antes, abandonada a su suerte después de veintiséis años de darle su papilla al científico. Y por lo general cuando los demás hablan de Dios todopoderoso, yo pienso en sujetos mucho más proactivos y divertidos como cualquiera de *Los Vengadores*, tal que el increíble Hulk, Thor o alguno de esos, y no en una bizarra entidad etérea y grandullona papando moscas en una casa con piscina y un montón de habitaciones directamente sobre un cumulonimbo algodonoso, literalmente sobre una nube, y no en ningún agujero negro o agujero de gusano en la parte más oscura y tenebrosa de las galaxias.

Suerte Bea con su tesis, y debo decirle que cuando tenga acabada su primera redacción me ofrezco voluntario a leer cada una de esas trescientas páginas con mi mejor disposición y paciencia. Y después, eventualmente, siempre que le parezca apropiado, dedicar mi tiempo libre quizás a explorar los suyos propios, me refiero *je, je* a sus bonitos y mucho más gratificantes agujeros, que Dios está en las nubes y a mí me parió mi madre.

Dr. Frodo,

Mi novio la tiene muy pequeña. Diría que, del tamaño de un roedor mediano, probablemente no alcance los diez centímetros, y las dudas me atormentan. Debería dejarlo y buscarme un buen mamporrero, y perdone la expresión, o centrarme en sus cualidades más sensibles, sus valores morales o capacidad intelectual. Sé que su cuenta bancaria es lo que de verdad cuenta, pero mientras no se me contradiga estoy convencida de que no supera los tres dígitos, y, por si eso fuera poco, es la clase de individuo que come sin pelar por no tirar la cáscara. ¿Qué hago doctor?

Nora, La Selva, Girona

No, no es una pregunta fácil, en lo que se refiere al amor, como usted todavía no sabe, mi querida amiga, todo es cuestión de tamaño. Trátese del cipote o falo de su contrario, o de su cuenta bancaria (la de él, claro está), porque si usted tiene pasta se compra uno grande, o más incluso, y del tamaño que quiera, aunque al final termine dedicándose, como BB, a ser activista de los derechos de los animales.

Y si no me cree dedique unos pocos minutos a pensar su misma interrogante, pero en los términos que yo le sugiera (las notas han sido ya referenciadas y no hay autor o analista que no haya hablado del tema).

¿Sabe acaso de algo en lo que el tamaño sea irrelevante? Ha pensado usted en propiedades inmobiliarias, barcos de lujo o los kilates de los diamantes. Da lo mismo acaso un baby beef de 250 gramos que uno de 500, uno de La Cabrera o Siga la Vaca que un bife de aquí de España. Salvo quizá cuando hablamos de deportivos de lujo ingleses o italianos, en donde los pequeños parecen mejores. El tamaño lo es todo, y si no pregúnteselo a los chinos (no digamos a los coreanos) y a los americanos, aunque los primeros la tengan pequeña y los segundos mediana o tirando a grande, y luego contrástelo, por ejemplo, con información procedente de los uruguayos o de los cincuenta habitantes de Pitcairn, en el Pacífico Sur, y con sus únicos vecinos, los curdos y beodos de la Isla de Pascua.

Habla también de inteligencia y valores morales. Pues déjeme decirle que ni el éxito ni la felicidad tiene algo que ver con ninguno de estas cuestiones, y más que una propiedad asociativa hay entre ellos una contradicción o paradoja, y que cuanto más inteligente y/o moralista sea el punto, más infeliz será en términos estadísticos y materiales. No digamos, Nora, si usted está pensando en la felicidad que pueda proporcionarle el matrimonio, sacramento, entre todos, el más oblicuo y engañoso.

En cuanto al dinero, por supuesto que el dinero lo es todo, o más si el punto en cuestión lo tiene en algún fideicomiso en Panamá o Luxemburgo, que no en una cuenta de La Caixa, entidad a la que el *procés* ha dejado en bragas. El dinero, querida Nora, es la felicidad elevada al cuadrado y una especie de locución latina como *denarius*, y los únicos pelotudos felices sin un mango vivían en una cueva en las dolomitas hace por lo menos la friolera, como ya sabe que me gusta decir, de trepecientos y tantos años.

¿Que qué hacer entonces? Aquí van unos consejos Noemi, o era Nora. Primero, cásese sólo con el que tenga la pasta, no importa su aspecto, cociente intelectual u otras cualidades, y si no, piense en las afortunadas *woomahs* de los que están completamente forrados, tal que Messi o Ronaldo, y van repartiendo felicidad a diestro y siniestro casi sin quererlo ni darse por enterados, y empezando siempre por casa. Y después, claro está, aténgase a las consecuencias, que la guita no viene gratis, opérese las veces que quiera y manténgase obstinadamente por debajo de las ciento diez libras si quiere conservar sus privilegios, que la única dagor con suerte que yo sepa fue Ginny, la mujer de John "Johny Sack" Sacramoni en Los Soprano.

Segundo. A quién le importa una mierda si la tiene pequeña o grande, si al final terminará usted solita haciéndosela con la mano. Los negros la tienen más grande, y cuando digo grande quiero decir enorme y hermosa como una barra de pan integral de kilo, pero con frecuencia no tienen un mango y son más pobres que las ratas, que Pelosi Pelado del Atlético Belgrano. Y cuando se hacen con un mango se lo gastan con sus congéneres blancas con grandes culos de mentira como los de las Kardashians, y a veces con los niños soldado.

La vida es ingrata a veces, querida Nora. Y tanto a los minis como a los que la tienen más grande, les va peor que a los catangas del Misisipi y del Congo. Y sepa que la pareja es siempre un trío contra un full de ases, y que el que gana no es siempre ni el más rico ni el mejor dotado, sino el que juega mejor sus cartas. Y sino piense en Trumpo o en el premier chino que, pago una luca y sin verla, le aseguro que la tienen más chica que la de un ratón del orden Rodentia -y no uno ergonómico- y van por ahí dando la vara, mangoneando y pontificando como si fueran dioses poderosos (esto le gustaría mucho a Bea, mi anterior analizante), y que los grones o los caucásicos con un buen pedazo terminan siempre haciendo videos cortos o pelis de cuarta en *Bross Brothers*.

Y si la tiene pequeña, y come con pela por no tirar la cáscara, entiéndame es usted anal retentivo, y en su cuenta del banco del pueblo no tiene un mango o está dos por tres en números rojos, y lo único que siempre ha sabido de Suiza es que hacen chocolates, relojes y navajas multiuso para su mierda de ejército de blandengues y gilastrunes, cuando los gringos los equipan con un fusil de asalto HK416 y dispositivos de visión nocturna, o que Kepa Sojo hizo una peli de unos vascos que soñaban con salvaguardar su identidad nacional en la Confederación, convenientemente cerca de España, no sea que los rajasen, y que es, por poco que les guste, el país que les ha tocado en suerte. Si es eso y sólo eso, quédese usted sola o piense en pasarse al equipo femenino que siempre puede tener la fortuna de pillar una buena jueza de instrucción bollera en su capital de provincia o a una uróloga de la Universidad de Navarra, nacionalista a ultranza, y hasta los higadillos de verle la polla, y perdone la expresión, a sus mayores, porque entre mujeres a veces, y sólo a veces, las cosas son mucho más fáciles.

Dr. Frodo,

Soy un reputado periodista de Público. Me especializo en política nacional y estoy literalmente hasta los huevos de cubrir tantas sandeces y tener que escribir sobre ellas. Me siento en mi mesa junto al bueno de las páginas de ocasionales o sucesos y al bombón de Sociales, empiezo a escribir y le juro que me crecen los enanos. Ya sabe, es siempre la misma basura. Más aburrido que leer un libro de Gómez Jurado con la parte de arriba hacia abajo. Soy consciente de que usted no es sociólogo ni politólogo, como se lleva ahora, sino una especie de gañan psicoanalítico -como dice Michel Onfray, teórico de las universidades populares- y eso sí que es echarle huevos al asunto (y perdone que me repita). Lo cierto es que no sé cómo decirlo, pero me gustaría preguntarle si hay alguna alternativa a la política de partidos, o a los partidos políticos en general, y para los sujetos políticos todos, ya que algunos de nosotros estamos en línea para darles a estos incompetentes una buena mano de ostias y en la de terminar todos pobres (shiomes diría usted) como los chinos proletarios, y entregar al final la rosca. Y si fuese tan amable podría aconsejarme también sobré cómo o de qué manera escribir en lo que atañe directamente a la basura de política que tenemos, sin dar por culo a unos y comerles la oreja a otros, o si dejar de hacerlo de un modo u otro y dedicarme -culterano o conceptualista- a la literatura del siglo de oro. Desde ya le quedo muy agradecido, y aprovecho para hacerle llegar mis afectuosos saludos.

Atentamente,

Febo, desde mi despacho en Público, aunque podría ser la Red Voltaire, el Independent Media Center o...

Escribe usted como los de antes, como en las cartas formales de nuestros mayores. Resulta gracioso. Desde ya le anticipo, Febo, que muy a mi pesar, ese por el que usted discurre no parece que sea mi campo, ni que la política pueda catalogarse todavía como una neurosis al uso o un trastorno de conducta. Y sepa, antes de empezar, que cuando me pongo a hablar de política me salen más bien los siete pecados capitales y como el *Reservoir Dogs* o *Malditos bastardos,* de Tarantino, que, para ser tano, mire que nos ha salido rana.

Pero si insiste, quizás me sienta preparado para hacerle una breve introducción al tema, seguida por las inevitables consecuencias e innumerables patologías de usar y tirar a la que irremediablemente nos conducen las estupideces de esos pocos que pretenden estar haciendo gestión de nuestros derechos delegados para vivir en sociedad o formando grupos organizados y no en plan rejuntados u otras formas primitivas de organización social, o como quiera usted llamarla.

Antes pensábamos que sólo nosotros, los españoles e italianos, junto con los pobres pelados, conspicuos y menesterosos latinoamericanos, éramos los únicos que incidíamos en vivir bajo la tutela de regímenes obscenos a los que les faltaba más que un palmo para ser democráticos, que es uno de esos palabros que de tanto usarlos han convertido la carroza de Cenicienta en un jodido zapallo. Pero ahora vemos que también son ellos -y ustedes-, los más dotados y civilizados, según el libro, que inciden en torpezas dignas de auténticos necios, los gestores mismos que se sienten con derecho a improvisar sobre el destino incierto de más de trescientos o cuatrocientos millones de desgraciados que de política saben menos que de Chen Long o Carolina Marín y otras figuras del bádminton. Sin mencionar a todas esas otras bonitas sociedades feudales de cagar y no tener uno con que limpiarse el culo, y otras, ostentosas, con Calvin Kleins o Victoria`s Secret debajo de sus kanduras o abayas que viven como si no hubiesen pasado los últimos quinientos años.

Efectivamente, Febo, y la disonancia no es gratuita, la política es hoy -y lo ha sido siempre- la estupidez de unos pocos elevada a la décima potencia, como diría mi madre, una especie de algoritmo y al mismo tiempo una ecuación con demasiadas variables que ninguno resuelve. Ellos lo hacen mal y enredando, y los demás nos jodemos y pagamos su ineficacia con nuestros sueldos de mierda y pensiones miserables. Es casi siempre un mal sueño, y mejor fiambres o ausentes y apolitizados, que comiéndonos el marrón de otros. Y la escasa inteligencia que encontramos en ella es la que ponen ustedes de su parte, algunos periodistas elegidos que se mantienen fuera de clubes y sindicatos verticales de la OSE, junto con politólogos y sociólogos de no mucho más de treinta años, de la época de Chernóbil, Wham y Windows 1.0. Mientras que los otros se han pasado ya a las cuadras de los partidos de siempre y, mal que bien, son apenas capaces de decir algo coherente que no sea un cliché extrapolado del mundo de las redes sociales, sin pensar ni por un momento en las funestas consecuencias, que como usted se imaginará, recaen exclusivamente sobre sus indefensos interlocutores.

Me pregunta con qué podríamos sustituir a los partidos políticos y a los políticos en general. Y yo le contesto. Por qué habríamos de tener ninguno, por qué no dejar que nos gobiernen directamente desde la Federación Española de Jugadores de Póker, la de los encofradores o los instaladores sanitarios, o cualquier cabrón que no tenga dos dedos de frente, como Hitler o Stalin, la clase de mendas que organizan un montón de desfiles y fiestas populares, o por Trotski que era el más listo y le partieron la cabeza con un piolet, y fueron los catalanes. Por qué no ponemos a los Testigos o a los *morons* de los mormones, a alguna sociedad benéfica o a las mafias napolitanas, en el lugar de los viejos partidos nacidos por generación espontánea y a cargo de nuestras instituciones. Es cierto, también se quedarían con el tres o el treinta por ciento, pero al menos nos traerían un poco de su folclore y malicia, unos, y la poligamia otros, y otros pondrían zapateros remendones y dietas saludables, como la de la Watchtower, a base de carbohidratos complejos, hortalizas y fruta, en toda la cafetería, por ejemplo, del Congreso de los Diputados.

Y me pregunta con qué podríamos sustituir a esa panda de energúmenos y ególatras, a esos mamones haciendo encajes de bolillo con los veinte vocablos que han aprendido en su Mecánica Popular (para políticos) de los cojones. Bueno sustitúyalos con lo que usted quiera, con lo que le salga del bofe. Con ideólogos puros como los jacobinos, con psicólogos reichianos (de W. Reich, Galitzia, en el imperio austrohúngaro) o con amas de casa, con sus tíos y primos del campo, con una serie de fórmulas que harían los chicos de Doble Grado de Ingeniería Informática, o con la Iglesia del Vaticano. Sustitúyalos con lo que le venga en ganas, que siempre será lo mismo, porque esa es la única lengua que saben hablar los representantes a los representados, los dueños del terrenito cuando hablan con sus negros, como antes lo hacían los señores del cortijo a sus míseros guardas y guardesas en los latifundios de Extremadura.

Y me pregunta también, querido Febo, cómo escribir sobre todo el asunto, sin faltarles a unos y lamerles el culo a otros. Es sencillo, honestamente, llamando a las cosas por su nombre, y a los turros de nuestros representantes dándole en toda la melena con el primer piolet que tenga a mano, metafóricamente hablando. Caña al mono, Febo, que es lo mismo que ellos hacen con los pobres ciudadanos y el cambio climático, con los migrantes y los asalariados, y como se lo hacen unos a otros, porque en política como en tantas otras cosas, de lo que se trata es de machacar al contrario y al vecino del cuarto. Y escriba como si fuese el final de todo, el último mohicano, y quédese con la cabellera de esos puñeteros desgraciados, escriba no como le enseñaron en el cole sino como le salga de las entrañas y nunca escriba mentiras o nada que no le pase antes por las venas, porque al final lo único que nos queda es la palabra, aunque no salga nunca de sus jodidas cuatro paredes.

Y si no hace exactamente como le digo no piense que le saldrá gratis. Pagaremos las consecuencias, seremos como esas lluvias que caen en los desiertos salinos cada diez años, como los espejismos en los desiertos salinos de Salta o Jujuy, seremos como los muertos vivientes en aquellas viejas pelis de Romero, seremos una sombra de lo que siempre fuimos, carne de cañón para los pelotudos que juegan *Pandemic: la caída de Roma o Hundir la flota* con su montón de seres humanos políticamente representados. Y sufriremos desgastes y la peor de las adicciones, o todas esas Apps que nos regalarán para nuestros móviles, como hacen hoy los bancos y usureros varios.

Y si antes, en algún momento de la historia nuestros políticos hablaban, hoy se limitan a unos pocos caracteres en las ondas que llegan a millones de abonados, y parolan de verdad un par de veces al año, pero sólo cuando articulan palabra y están repitiendo las mismas boludeces en las noticias de las dos y de las ocho, y lo hacen para decir más o menos lo mismo que dijeron hace ya unos cuantos años. Y cuando parece que son originales o irresponsablemente lúdicos o desaforados (pienso en los nuevos bullies anglosajones y en algunos franceses e italianos), mejor nos quedamos como estábamos.

Es cuestión de tiempo, Febo, pero al final todos pirados, neuróticos y adocenados, *helplessness* o desamparados, y somáticamente en *compliance* con los poderes, hechos un lío en eso de qué órgano en particular elegir para operar nuestras conversiones (y freudianos a nuestro pesar), cuando no simplemente paranoicos o envidiosos del pene de nuestros mayores, *constant deferred* and *deppressive*, y a la espera siempre de endosar lo mismo y al mismo órgano, con idénticos significados. Y que vote Rita, la cantaora.

Dr. Frodo,

Vivo en un pueblo pequeño y lánguido de Soria donde la gente se está muriendo de aburrimiento poco a poco. Los únicos que viven como duques y hacen lo que se les canta son los cuatro regentes, ya sabe los dueños de la pelota. Tengo cincuenta y pocos años y quiero pensar que no los aparento, lo justo y estrictamente necesario, unos kilos de más que se han ido directamente al culo y a las babillas. Tengo dos hijos hermosos (chico y chica) nacidos de un par de polvos rápidos pero muy cargados, apenas cumplidos los veinte. Son dos muermos incorregibles que no dan golpe (los hijos son siempre un enigma) y tengo que cargar con nietos y compinches criminales que pintan ya como sus padres que están missing, por lo menos cuatro y a veces cinco días a la semana.

Por dentro, sin embargo, podría decirse que soy una abuela cachonda, aunque un poco tímida y respetuosa de las reglas de convivencia que imperan en casa, ya sabe, mientras que él hace lo que quiere y yo me jodo, y perdone usted la expresión. A diario limpio la oficina y los doscientos cincuenta cabrones metros de casa, cuido los perros (tengo un caniche y un pastor alemán de quince años que son lo que más quiero) y atiendo las necesidades de la familia toda, incluidos primos y exilados de la mufa soriana, todo como si fuese una jodida ama de casa

siciliana o la puta Cenicienta en casa de su madrastra.
Llevo más de treinta años friendo torreznos para el come
mierda de mi marido, y día por medio me toca soplarle el
nabo, él lo llama así, como si yo fuera, no una señora sino
una puta máquina de hacer tallarines. Estoy tan cabreada
que le juro podría cazar ratones con los dientes y matar
cucarachas en la cocina sólo mirándolas a los ojos. Y el
machote del que le hablo -y ahora viene lo bueno- ha
adelgazado doce kilos y se pasa el día con los amigotes, y
cuando no estoy en casa haciendo barbacoas con todos
esos mismos mamones, y es a mí a la que le toca limpiar y
lavar los cacharros que a veces llevan más tiempo en el
patio que los cadáveres de Pompeya después de la
erupción de ese jodido volcán napolitano. Y por si eso fuera
poco se ha comprado una moto, una Livewire creo que se
llama, de treinta billetes para salir en patota con los otros
come mierda motorizados a veces durante días enteros
incluyendo fines de semana, hasta lugares de verdad
remotos como Cádiz, y solo para hacer el tonto con otros
retrasados mentales -con perdón- como él. Y le digo que no
hace mucho era un albañil de tres al cuarto y ahora tiene
una multinacional de paletas, o lo que sea eso, que al
parecer le da un montón de pasta después de beneficios.

Sí, Doctor, mi marido es un machista sobre ruedas, y
dice que él ya tiene lo que necesita, y es suyo, y a su

mujercita que se casó de blanco y a sus hijos, que les parta un rayo. Que le den por culo, dice a veces, yo digo que le den a él y la hagan un agujero más grande que el que hizo aquel asteroide ruso que vi en la tele. El mamón piensa que con comprarme un Samsung 10 a pagar en mensualidades y un jodido reloj inteligente a juego con el primero ha cumplido con las obligaciones de un buen esposo. Es lo que cree.

Me siento mal Doc, como un juguete roto, como un niño en el dentista, y estoy tan llena de rabia que podría declararle la guerra a los narigudos y a los palestinos yo sola. Seguro que usted diría que estoy frustrada. Y hablando de judíos, también dice que todo lo que tenemos es suyo, y que si quiero irme a alguna parte con mis sesenta kilos y más arrugas en la cara que Robert Redford, lo haría con lo puesto y la maleta mala, porque las buenas son suyas, y que si me porto bien y lo hago a la chita y callando y sin armar mucho barullo, puedo llevarme la minipimer y el Centro de Planchado, pero la Nespresso y el aparato de home music se lo queda él, junto con la Smart tv y los cuatro krugerrands de 22 kilates que le ha conseguido uno de sus amigotes ilustrados, por decirlo de alguna manera, porque los demás son una panda de ignorantes y paletos y un par de marroquinos mal pagados que van de cristianos.

El caso, Doctor, es que he pensado en comprarme una bicicleta estática, un patinete eléctrico o algo parecido, o en acabar con mi vida, que parece mucho más divertido, y poner sus huellas en el Paracetamol con cinta adhesiva (lo vi en una peli), pero la verdad es que estoy demasiado jodida para soluciones alternativas y/o terapias de ninguna clase. La verdad es que estoy muy cabreada, y lo único que me haría feliz de verdad es dejarlo sin blanca y romperle la jeta a patadas, porque estoy más furiosa que Phil Leotardo cundo le hablan del maricón de su cuñado, más de mala leche que un jodido orco en El señor de los anillos, más caliente y echando chispas que la mujer de fuego -no la de Luis Miguel- sino la de Los Vengadores, que Junior cuando le pisan el callo, y como ya ve lo único que hago aparte de torreznos, por lo general es cordero asado y tortilla de patatas, y mirar series en mi Apple TV, que en realidad es suya.

Sé que no tengo remedio, y que hay un montón de mujeres allí afuera en las mismas condiciones, que ni la medicina ni la valeriana, ni los abogados que también son unos hijos de puta, pueden hacer nada por mí. Pero le escribo porque sé que es usted un poco cínico y como distante, un poco como mi marido, y que segura mata usted también monos a balazos en el culo, pero cuando siente a la pobre feme de su vecina pasando la puñetera aspiradora cada día por las mañanas, seguro que le entra una rabia y una sed de justicia como a Clint Eastwood de joven y ahora que es un carcamal de noventa años, seguro no anda por ahí mezquinando y maltratando a su esposa.

Espero con impaciencia, Doctor, su medicina mágica, y dígame que hago yo mientras con este cabrón de tres al cuarto que se me ha subido a la chepa los últimos veintinueve de los treinta años que llevamos casados por la Iglesia y en Santo Domingo (Soria) y el Ayuntamiento, dígame si debo dedicarme a poner bombas en el pueblo o buscar un trabajo de agente libre de la CIA o los servicios de inteligencia judíos, y dejar el matrimonio sagrado matrimonio y los jodidos hijos, como dice usted, para otras pelotudas.

Maricarmen (Mari), por email

Mi querida Maricarmen, o debería decir Mari, he leído su largo email con infinita paciencia y creo que la verdad no me siento capaz de almacenar toda esa información en esta sesión corta. Pero no importa, porque su caso hace el número x a la cuarta potencia y tengo en mis archivos más de cien de idéntica naturaleza, tantos que necesitaría contratar personal administrativo solo para clasificarlos. De acuerdo todos se parecen, pero sepa también que, al mismo tiempo, no todos son iguales.

Están las pasivas reactivas que no se quedan en el molde e intentan ajustar cuentas simbólicamente con el turro de turno y anotarse apenas un par de puntos en la lucha, hoy muy generalizada, de las mujeres contra los hombres. Las PR, ya le digo, no quieren ni pueden cambiar de estatus, porque a veces después de treinta años de convivencia con el monstruo le dan con eso una cierta alegría al cuerpo, y sé que ésto no lo entiende nadie. Y están las obsesivo compulsivas, las que sufren en silencio una resignación festiva, una falacia, las que se montan un bocho muy raro, ya sabe, cuando en realidad sufren una carencia o adicción morbosa a autocastigarse, de la que uno y otro disfrutan sin armar jaleo. Estos casos resultan extremadamente engañosos, y una de dos, pueden normalizarse y seguir para siempre, ella en un estado de ingravidez emocional que podríamos llamar hipnótico, aunque poco agradable, y él instalado en una indiferencia patológica, o por el contrario estallar un día y terminar como el rosario de la aurora con muertos y heridos en ese infierno doméstico en el que se ha convertido su casa.

Las hay que son masoquistas simples o cobardes, y jamás serían capaces alejarse unos metros de sus cadenas, aunque no haya nada que las ate, y no es que a disfruten con eso, sino que han adquirido una curiosa impermeabilidad emocional en relación con cualquier desarreglo provocado por su cónyuge. Son obstinadas y románticas, son como Penélope que espera a Ulises haciendo solitarios, la que destejía de noche lo que había tejido de día; o son adictas a los valores negativos de cualquier índole siempre que no trasciendan del ámbito familiar a veces, o el estrictamente conyugal otras. Llamarlas masoquistas o cobardes no es en ninguno de los dos casos acertado, se trata más bien de una clase rara de falacia, un problema de denominación y una neurosis, porque lo de la mujer en la mayoría de los casos es un acto de subordinación que se ha cronificado y se corresponde a veces con un estado mental alterado.

Y claro también están esas, entre las que usted califique probablemente, las que no se van porque no pueden o porque no tienen un mango, y ha sido así desde el principio de los tiempos, desde las tribus de Israel, y está firmado por usted y ante testigos cuando vendió su alma al diablo. Y esto créame, Maricarmen, es más viejo que aquel asunto entre Fausto y el maligno, y más que con el amor o un problema de incompatibilidad en la pareja, tiene que ver con la forma o manera en que usted invierte sus cripto monedas amorosas, su pasta, la que tiene y la que no tiene, y sus bonos del tesoro, o llámelo usted papusa o cachucha al servicio de su marido por horas. Porque los papeles dicen que eso es lo que le toca, hacerle al moro las lentejas y el bocata de mortadela con provolone, y a la siesta y por las noches rezar usted su padrenuestro con aquel badajo en la boca, y perdone la falta de protocolo. Es la ley, y créame, hay que cambiarla. Y sepa, Mari, que no está sola, que, en este país oscurantista y retrógrado, igual que en muchos otros, las mujeres como usted son legión y hay más de esas que pelos en la cabeza tienen todos los Gipsy Kings juntos.

La decisión, querida, está en sus manos, puede tomar el 199 a Sarmiento o el 350 a San Antonio de Areco y dejar al menda pelando patatas, y haciendo él solito su tortilla con cebolla. ¡Pero antes *Ask Saul!*, hable con un abogado de su confianza, aunque le resulte capcioso o le parezca un falso argumento; quítese de encima unos kilos como siempre, y búsquese un jovencito que le dé su ragú cada mañana, digamos que, para ir tirando en los momentos difíciles, y después, con paciencia y un palito, siga al pie de la letra cada una de las instrucciones que a continuación le detallo:

Uno, diga que se meta esa moto de mierda por el culo, y que, si quiere ir boludeando por la ruta que se coja un regular o un Media distancia, o que se vaya a caballo. Dos, déjelo sin un mango y probablemente en gayola, porque lo suyo, Maricarmen, es sencillamente maltrato psicológico, y dígale a su picapleitos que se busque una jueza que haya pasado por sus mismas penurias, que los juzgados de turno están llenos de esas historias. Tres, no se le ocurra sentarse a hablar ni le dé explicaciones, esos moteros tienen el verbo fácil, y puede que acabe empezando otra vez de cero. Cuatro, no pierda los papeles, usted fría como un lagarto, y a ser posible expeditiva y rápida, muy rápida, no sea que se quede con el bicho en una misma habitación más tiempo del estrictamente necesario. Y no porque sea convincente, que el cabrón no ha acabado la secundaria, sino porque tiene ese superpoder que ejerce solo sobre usted y se llama treinta putos años de conmiseración y maltrato. Cinco, no tenga miedo, aunque sus hijos no le tiren un mango, aunque la caniche no quiera vivir en un apartamento de cincuenta metros cuadrados y sin piscina para el verano, porque se puede vivir sin perros y sin hijos el tiempo que haga falta, porque cuando de verdad los necesite, una estará ladrando u oliéndole el culo a otro chucho, y los retoños ocupados con su agenda de hijos emancipados. Seis, no tenga miedo a estar sola, que buey solo bien se lame, y por si no lo sabía, ya se lo digo yo, la soledad está implícita en todas las relaciones personales, y todos estamos solos cuando entre dos sólo a uno le ruedan bien las cosas, y esto lo encuentra en *El libro de la selva* o *El príncipe y la modista*, y los únicos que vivieron felices y comieron perdices están en el cuento de Cenicienta. Y en su caso, querida Mari, la perdiz habrá de comérsela el maromo, y para usted las gachas o las migas con chocolate.

Y, para terminar, mi querida amiga, váyase de Soria, lárguese a las Bahamas o a las Bermudas, o a Torrevieja, a cualquier lugar con clima cálido o a una cárcel para mujeres en Noruega, y espere allí a que la cosa se calme (asunto que dejamos para la próxima), y de chupársela hágalo sólo cuando usted tenga ganas. Y por supuesto no se le ocurra poner una bomba en ninguna parte, que eso es algo que nunca hacen las mujeres, y a los palestas -que no paletas- (ojo al lapsus) y a los moishes los deja usted tranquilos, que además de vengativos unos y resignados los otros, no le han hecho mal a nadie. Y siga mi consejo, antes de dejar la casa y con las maletas buenas, dele usted una patada en los cojones. O si lo quiere formulado de otro modo, *put a shoe up his ass,* que seguro le suena a algo. Porque a veces eso es mejor que cualquier terapia o un asesor matrimonial que él no querrá en ningún caso, aunque le apunte usted con una de caños recortados. Y sepa que no importa lo que pase, él es el que se va a quedar solo, más solo que uno nuevo en el cole o el zapato de un cojo, mientras lo que a las mujeres mayores lo que de verdad les gusta es el bingo o pintar con colores.

Estimado Frodo,

Tengo a mi madre en un Residencia para mayores (ojo al eufemismo), ella lo llama hotel, asilo o escuela, según le dé a su Alzheimer, pero nunca Residencia. En el fondo sabe que eso suena más a la Residencia de los Windsor, los Beltrán o los Littman (cada uno según su propia paranoia). Suena a los papeles que con suerte le dan -o no le dan- a los panchitos (dice la jerga femenina) o a los morenos que llegan a estas costas. Suelo pasar dos o tres mañanas por semana haciéndole compañía, eso tranquiliza mi conciencia al menos un poco, pero soy más que consciente de que tres mañanas a la semana son como un suspiro de mosca comparadas con el tiempo que necesitaríamos para llegar a Marte o a cualquiera de esos planetas lejanos. Tengo la sensación de que yo tengo un problema de conciencia, y ella tiene todos los otros, no sé si me entiende. He visto morir a media docena de ancianos y amigos que iban por ahí, arriba y abajo, por el centro y los costados, arrastrándose como los zombis en el video de Michael Jackson, Y lo peor no es eso sino está también lo de los olores... pero bueno dejémoslo ahí.

Sé de sobra que no está bien lo que hago, que podría tenerla en el cuarto de la plancha, o en el mío, y yo irme a dormir con el perro, el cabroncete que con seis kilos ocupa la mitad de la cama. Podría ponerle un piso modesto en San Antonio con vistas al mar y no al terrenito del fondo, o guardarla en la nevera hasta que encuentren alguna solución para los problemas de los mayores, o mejor, mandarla a Green Grove, como a Livia Soprano, la misma Resi de cuatro mil pavos que eligieron otros buenos hijos pertenecientes a esa peculiar subcultura napolitana. Lo sé. Y me siento mal por ello, me siento igual que si hubiese pillado a un perro pequeño con un camión de tres ejes y diecisiete toneladas. La verdad es que no sé de qué manera superar esta sensación a lo Charles Manson o Ted Bundy, y me pregunto quién demonios inventó las putas residencias, hogares de ancianos o establecimientos geriátricos -el señor lo tenga en la gloria- y si no podrían tener al menos muebles de IKEA y ambientadores de lavanda, y da lo mismo que la vieja le haya roto a uno las pelotas éste y el anterior milenio y durante buena parte de su vida, o que haya sido una santa y nadie se haya percatado. Y dígame por favor que leches han de hacer los tipos como yo con problemas como éstos, los desafortunados poseedores de una conciencia blanda y cierta conmiseración proclive o, si a usted le parece, sensibilidad onerosa. Y dígame, por el mismo dinero, si yo habré de correr una suerte parecida o si quizás algún día, me temo que no muy lejano, no habrá por ahí y para un servidor una Writer's colony en

Wyoming, the Adirondacks o en Nebraska, por ejemplo, o

en Noruega para el caso, en donde los presos peligrosos

viven mejor que nuestros asalariados, una que no sea

muy cara, o si por el contrario, no habré de terminar en

uno de los siete giros del Purgatorio de Dante para gente

grande, como ese en el que ahora sobrevive mi santa.

Yo mismo, por carta manuscrita

Estimado *Yo mismo*, no diga una palabra más. Yo juego en la misma liga y le puedo asegurar que en este preciso momento mientras usted y yo hablamos o nos leemos mutuamente, hay por ahí más hijos contra martirizados por su pertinaz anti Edipo que catrachos dándose el raje en el Aeropuerto Villeda Morales, en San Pedro Sula. Y desde ya le puedo asegurar que la cosa es bastante complicada. El cine y la literatura han hecho más pasta con esto que el coronel Sanders con el pollo frito.

Es cierto, nos hacemos mayores, o más que eso, también le pasa a los perros e incluso a los yacos y a los guacamayos, pero nunca a los Levis gastados que, por si no lo sabe, los japoneses pagan dos o tres mil blues por algunos de más de treinta años, y esto lo saben muy bien lo que hacen el rulo en Buenos Aires. Pero siguiendo con el tema, cuando digo mayores, usted sabe perfectamente que no me refiero a mayores de cincuenta o sesenta pirulos, aunque los últimos sesentones ya califiquen entre los provectos y ancianos. Me refiero a mayores de verdad, o a los viejos de carne y hueso, y no simplemente a los hombres y mujeres maduras, eufemismo de pegar en el aro, o de no sea impaciente que después del siguiente cumpleaños estará usted también pescando mojarritas con otros vejestorios. Me refiero a los ancianos que no tienen dientes o sólo tienen unos pocos, o no saben dónde los han dejado, a los que se ponen espuma de afeitar en las axilas, a los que pierden las gafas de lejos y si te he visto no me acuerdo, a los que no huelen, imagino, como Jennifer Aniston, sino con cierto aroma dulce a libro viejo o a vino rancio. Me refiero a aquellos con los que hacían barritas integrales, el *Soylent Green,* de Harry Harrison, justo después de entrar en el país de las sombras, y para alimentar una estúpida superpoblación de niñatos y a sus padres.

Nos va a pasar a todos, es lo que decimos, pero el caso es que todavía no nos ha pasado, y ese instinto es más fuerte, psicológicamente hablando, que el mismísimo Dwayne Johnson o que un vodka Spirytus de noventa grados. Y uno no sólo nunca piensa en ello, sino que se ha hecho refractario a cualquier proyección catastrofista de su estado de salud y a la idea misma de supervivencia, si es que llega a la hipotética y pálida edad de noventa y pico de años, que no grados, y digo noventa de nuestro calendario gregoriano.

Supongo que es mucho mejor renunciar a tan patética condición y morirse joven a los sesenta y tantos, *moon walking* en la playa con una tailandesa de diecinueve años. Mejor decir que no, gracias, a la inmunoterapia, aunque tengas números para que el futuro te depare aún unos cuantos dulces años de gloria y un ego tratamiento de dar palmas con las orejas (como a Gill o a Wallace, cambiando las tornas), aunque cuando llega la hora de fichar por los fiambres, créame Sr. *Yo*, que la mayoría se dan el raje. Y a Vogue y a la *retirement wave*, como dicen ahora, le pueden ir dando bien por culo. Habrá que ser gilipollas,

Pero sí, supongamos sólo por un instante, que usted llega a los noventa y los sobrepasa, como al parecer es el caso de su madre. De ser así debería saber un par o tres cosas. Una, que no se ha visto por ahí a nadie tirando cohetes o fuegos de artificio, que, aunque los demás celebren su longevidad usted sabe muy bien que a nadie le importa un carajo, sino que más de uno está poniendo velas a San Conrado para que se lo lleve pronto y sin montar la gorda, sin gritos ni chorretes de sangre y a una hora razonable, a poder ser mientras duerme y por la noche. Y sepa, dos, que el amor u oscuro sentimiento contradictorio, que quizás antes alguno sintió por usted, hoy se ha convertido en polvo, y que la familia se ha pasado a los malos y ahora está más bien concentrada exclusivamente en el problema de impuestos a la transmisión y en quién se queda con su piso sin ascensor en la calle Calabria, que ahora ha multiplicado por diez su valor inmobiliario. Y tres, que el amor a esas edades, el que se da o no se da y el que se recibe o no se recibe, no tiene nada que ver con lo que decían pelotudos como Bécquer y Espronceda, sino más bien que ha transmutado en una bizarra emoción mixta que le resulta desconocida, mezcla de angustia y aburrimiento con un toque de crueldad, y otras en un impulso homicida y de falsa actitud piadosa. Y cuatro, y ésta va de propina, si es que tiene usted en estima su cabeza, o es que alguna vez se ha sentido sólo una pizca inteligente o bicho, sepa que jamás se va a resignar a que la parca haga un jodido gazpacho con sus neuronas, que no hay nada más triste que ver a un tipo que antes era listo dando botes como una pelota, intelectualmente hablando. Y sepa que si usted, querido *Yo mismo*, califica en esta ingrata categoría, ya sabe muy bien del marrón del que le estoy hablando, y sabe también que en el instante que semejante transformación se produzca, su familia entera, incluida la nena y su joven esposa, habrán hecho discretamente mutis por el foro o una salida de escena, como se decía antes en el teatro.

Y si quiere saber lo que pienso sobre Residencias, asilos o geriátricos o una habitación en una pensión junto a la horchatería Sirvent, sepa que Golders Green gana por una cabeza, que mejor un lugar con un poco de clase en el que no escatimen en cuadros y mobiliario confortable, sillones de flores y de cuero, y una habitación como Dios manda, con su nevera y su cafetera y una estantería donde poner su colección de rusos o judío americanos, a escritores me refiero, una en donde si abre la ventana podrá ver un jardín con azaleas, lirios y buganvillas, y no una como la de su madre con vistas a un terrenito baldío en donde las ratas corren detrás de los gatos. Al menos un lugar decente en donde usted pueda cerrar la puerta y tenga la llave, como en algunas prisiones socialdemócratas, y en donde pueda poner el ambientador de su gusto, lavanda, ropa limpia o frutos rojos, y no tener que oler todo el día ese líquido amarillento que secretan los riñones, los suyos y los de los otros ... pero dejémoslo ahí.

Y si quiere saber quién mierda inventó las residencias, ergo funerarias, permítame decirle que fue el diablo, el Sr Belzebú o el patillas, no le quepa duda. Y qué se le va a hacer, acaso no se han inventado también las hipotecas en divisas, las cláusulas de suelo y los gobiernos de derecha, y acaso por lo menos la mitad de ellos no han terminado haciendo daño a un montón de pobres desgraciados. Y si es usted de verdad escritor, déjeme decirle que una writer's colony (mejor que una colonia de la Asociación Catalana de Scouts) no es para nada una mala idea, y relativamente más barata, unos cuatrocientos verdes (dólares) por semana, la comida se la paga uno mismo y comparte la cocina y el papel higiénico con los colegas del establecimiento, claro siempre que no se pasen su Application Form por el forro de las pelotas.

Pero tenga en cuenta una cosa, que cuando se haga de verdad viejo y aunque su cabeza siga rulando, ninguno de esos arrogantes de treinta o cuarenta primaveras estará dispuesto a compartir su tiempo con un come mierda de escritor fracasado, que a tan provecta edad sigue tirando de pluma en su cuartito de Wysconsin o Nebraska. Y puede darse con un canto en los dientes si no termina un día en el puchero de unos de esos depredadores yególatras que en pleno siglo veintiuno pretenden ser todavía escritores como sus abuelos.

Lo siento, querido *Yomi*, no sabe lo mucho que me gustaría contarle otra cosa. Sé que quiere a su madre probablemente más de lo que nunca he querido yo a la mía, pero déjeme decirle que con noventa y tres abriles mejor que juegue al parchís sola o le de usted una pinza de la ropa para que se entretenga (lo tengo debidamente documentado), o déjela allí piola sentada en su silla HB o Z-Tec de aluminio plegable y papando moscas, como *Hombre mirando al sudeste,* de Subiela, y usted, a ser posible, haciendo lo propio, pero en sentido contrario, al noroeste, que es lo que hacen siempre los hijos, buenos o malos, escritores o simples seres humanos, que ojos que no ven corazón que no siente. Y si no le parece políticamente correcto todo lo que le he dicho, búsquese un terapeuta más barato, y estreche filas con ese enorme montón de hipócritas que dicen ser sensibles a los problemas de los mayores.

Dr. Frodo,

En mi familia política solo hablan entre ellos, es como una cosa circular y a veces un rizoma, y lo hacen en su propia lengua que es muy respetable, y para nada se trata de una conducta que merezca represalia alguna. Figura, supongo, en su acta de derechos. No obstante, a la hora de la verdad tal comportamiento induce en los demás, fuera de su estrecho círculo sanguíneo, una sensación de insatisfacción y una tendencia a inmolarse allí mismo con un cartel que diga... hellou I`m here...could you pls give me some credit, ¿es que nadie me va a pasar la pelota?, es que no tengo sesenta pulsaciones como todos los demás vecinos de este magnífico ayuntamiento. Le confieso que a veces siento deseos de hacerlo, con un traje budista de verano, Shaolin por ejemplo, o de monje birmano, mientras los coroneles van a por la suya. Seguro que es mea culpa por no aprender la lengua, ser incapaz de mantener una discreta contención y disfrutar de esos extraños sonidos. Pero lo cierto es que en ocasiones llego a sentirme como un bosnio musulmán sentado a la mesa de una familia serbia ortodoxa o albanesa en los Balcanes, más lejos de casa que un jugador del Barracas Central en el Partizan de Tirana o Belgrado, inmóvil mientras ellos conversan en su hermoso patois indoeuropeo. Más solo que la una y tratando de empatizar, aunque más no sea con los gestos y las muecas de la boca y con los ojos, como si fuese un jodido emoticono. Y, Doctor, deje que le diga que no es sólo cuestión de hablar una lengua que al principio uno no conoce, porque ya sabe que el saber no ocupa lugar, sino porque un servidor habla latín, cuatro lenguas más y una que comparte con ellos, y no un dialecto perdido de Europa del Este, de los Balcanes, como el huttés de la Guerra de las Galaxias o el monkey language de los galeses , según Roger Lewis, galés él mismo. Se trata más bien de un asunto de contenidos, de jodidos contenidos e inteligencia… nada de discutir sobre el Brexit o los resultados de las últimas elecciones, nada de libros o pelis, nada de Mein Kampf o El origen de la familia y la propiedad privada, nada de materialismo dialéctico o de la Teoría de la razón pura, nada por asomo lejano a su más recónditos intereses o memorias familiares. Qué carajo debo hacer yo entonces, dígame Doctor, por favor, contar también mis propias historias, aunque a nadie le importen un carajo, mis cuitas y restos diurnos personales, mis viajes, o debería quizás tomarme unas largas vacaciones con una zorra o tallar figuritas de madera con una puta navaja, mientras ellos hablan de sus cosas.

Un escritor anónimo, sin familia conocida y apátrida

Sí, por aquí también está lloviendo. Está usted a un tris de convertirse en el hombre invisible, en un pedo de mosca. Pero antes de entrar en materia, permítame que contextualice. La familia a la que se refiere, por lo que puedo ver, procede de una cultura o etnia diferente, íbera al parecer que no celta, y de usted tengo la ligera sensación de que, aunque ignore su origen étnico, ha pasado tiempo entre los panchos u/o indios, como diría la suegra, digamos en un hábitat genéticamente vinculado por tradición y costumbres, pero no demasiado europeo o civilizado. Y también se me ocurre pensar que la familia que menciona procede de un antiguo ducado o señoría, o de un simple condado o foro navarro, cosa que para el caso es exactamente lo mismo. Y mientras ellos vienen como de lejos, históricamente hablando, usted es el subproducto de un primitivo cosmopolitismo hecho a partir de culturas conocidas y batido ligeramente con una etnia indígena o criolla, que a decir verdad no está hecha de mucho más que de unos cuantos mitos, algunas sencillas costumbres y ritos de paso, que la suya es de origen una cultura precaria y geopolíticamente deslocalizada, aunque en su momento haya brillado con sus propias luces.

Entiendo también, por lo que me cuenta, que ellos están acostumbrados a socializar dentro de un entorno familiar estable, relativamente normal e irreductible, en el sentido de que una familia nuclear de siete u ocho no mantiene ningún parecido con una de tres, que en la mayoría de los casos es una dicotomía insalvable y desconoce por ser sólo tres la dinámica de las parejas. Una familia de tres individuos incompatibles e ingrávidos, es por lo general un problema de socialización en origen y de rotación fuera de los polos, pero ese no es el problema que nos ocupa. Y por los mismos antecedentes saco en conclusión de que usted, mi buen amigo, es un individualista solitario, probablemente ególatra, un sociópata blando incapaz de superar el shock post traumático de haber pertenecido y pertenecer a un negocio impar y disfuncional incapaz de cerrar alianzas normales, como suelen hacer hermanos con hermanos, o hermanos con padre o madres en un contexto dinámico saludable y socialmente aceptado.

Motivos por los que debo llegar a la conclusión de que en este asunto ambos son culpables. Ellos por mostrarse incapaces de elaborar más allá de sus fáciles recursos, de no arriesgar nada fuera del contexto de la familia matriarcal convencional y reincidir en sus viejos temas de siempre, como si el universo entero estuviese hecho de esa materia. Culpables por repetir sus códigos y estructuras de discurso en la presencia de alguien ajeno al entorno, cuando lo que debería predominar es una etiqueta de clase por la cual los anfitriones siempre hablan la lengua del otro y se adhieren voluntariamente a su discurso, aunque sólo sea temporal y efímeramente, ejerciendo la cortesía suficiente para que el recién llegado pueda sentirse a gusto en el nuevo contexto y se le invite a interesarse espontáneamente por los temas de sus interlocutores.

El asunto de la lengua ya es otra cosa, y sepa que también lo entiendo. Entiendo que nadie se ponga a hablar las lenguas de las minorías, el maltés o el boyardo, con el mensajero de DHL, o en una aldea de la cuenca del Amazonas. Porque una cosa es que lo hagan los ingleses con su lengua universal e imperialista todo poderosa y cualitativamente superior, una que todo el mundo querría hablar -aunque los lingüistas digan lo contrario-, y otra muy distinta es que lo haga usted en bable o en valenciano, o en una lengua con clics y chasquidos como la de los bosquimanos, cuando todo el mundo sabe que con esas parlas sólo va a conseguir trabajo en Dodoma, Tanzania, en Gaborone, Botsuana, o de intérprete en las Naciones Unidas, pero nunca en la ciudad en donde ya tiene su piso.

La lengua es un derecho adquirido, eso no lo discute nadie, y la lengua materna no digamos, tiene la misma naturaleza que la sangre, o la placenta y los cordones umbilicales. Y nadie le va a negar el derecho a un catuco o a un gallego que hable como quiera o como lo hacía su madre, y no en argenta. Pero otra cosa muy distinta es dejar caer sobre la cabeza de un pobre desconocido todo el peso de una lengua minoritaria de provincias, sea el catalán, el euskera, el gallego o las lenguas bantúes, de arriba o de abajo, y saltarse la etiqueta, porque de ser así, créame, que al pobre interlocutor solitario no le queda más cartas que jugar que su cara de estúpido.

Claro, y después lo tenemos a usted, mi querido anónimo, que es más raro que la flor del banano, y está mostrando en cada una de sus retorcidas líneas una sensibilidad indecorosa, un racismo *au revers*, que créame no le beneficia en nada. Y que, si no modifica alguna cosa de su correo, terminarán todos pensando que además de un arrogante engreído muy viajado y hablar varias lenguas nacionales y no comarcales, es usted un antisocial patológico. Y eso de que otros hablen catuco, euskera o portugués con sordina y usted no entre al trapo, no es más que una mierda de subterfugio y una disculpa de tres al cuarto, cuando usted, a saber, habla en lacanés y nadie le dice nada, y que a pesar de su versatilidad intelectual y dominio de lenguas, del francés, del inglés BBC, del italiano meridional y del proto inglés africano del Congo o de Uganda, a lo Idris Alba, a usted no lo ha entendido nunca ni su propia madre.

Por lo que le digo que, entre sociópatas y nacionalistas lingüísticos neuróticos solo queda un estrecho espacio para negociar una especie de pacto. Aunque también le adelanto que en este país nuestro - aunque algunos digan que no es el suyo- retrógrado y farsante, no se entienden entre sí ni siquiera aquellos que comparten la lengua de sus madres. Somos -y seguro que esto no sorprende a nadie- una sociedad ecléctica, pertinaz y unidimensional, en la que se hablan varias lenguas, y un poco de metalingüística, aquello en la que el lenguaje se usa para hablar de la propia lengua, por si hay alguno que no lo sabe. Y al mismo tiempo una sociedad incompatible y excluyente, con la misma idea de país que tienen las ballenas jorobadas, los patos y otras aves migratorias que van de continente en continente. Y lo que deberían hacer cada uno de esos pequeños grupos de varios millones, incluso las idiosincrasias más fuertes y numerosas, es tomarse el raje, salir cagando leches de este país imposible e inmovilista e irse a la chita callando cada uno a una pequeña isla solitaria, tal que Georgia, como hacen las morsas, o los frailecillos a Saint Kilda.

En cuanto a los contenidos, querido desconocido, debería saber que ya no hay contenidos, sólo continentes. La gente, o buena parte de ella, y las familias, ninguno se salva. Hoy no se sabe absolutamente nada, y hablar de la nada ya lo hizo Sartre y en ochocientas páginas, y menudo tostón le salió al virolo (aunque debo confesar que yo me crie debajo de ese frondoso árbol) aunque a muchos nos gustara la musiquita. Lo que importa hoy es el morfe, por ejemplo, lo que se come y se bebe mientras se habla, y que a ser posible paguen los otros, ya sabe cómo con la mafia, que paguen los soldados, nunca los capitanes, porque como decía la vieja, cuando seas grande comerás huevo. Y lo que importa entre los otros, y a veces en la familia, son las tendencias, que es lo mismo que decir esa manera estúpida de hacer las cosas y en especial de no hacer nada, pero tratando de que parezca que una nada y la otra están llenas de significado, aunque sólo se trate de pantalones pitillo a cuadros escoceses muy cortos que acaben en la pantorrilla o unos zapatos de goma muy grandes con veinte centímetros de plataforma y una mierda de aplicaciones en tu móvil.

Así que, y a título de conclusión, estimado desconocido, le voy a pedir que se afloje el cinto, que estire las piernas y se relaje, que se deje de joder con su pan de centeno con mantequilla kosher, con sus manías y sus cosas, y deje que los otros, familiares o no, hablen en la lengua que le salga de los cojones, que ya demasiado mal están las cosas. Y porque vivir en una isla remota en donde sólo caben diez mil cabezas y ustedes son más de cincuenta o el número que se le cante, es además de incómodo, una pésima solución inmobiliaria. Y sepa que la educación está en los libros, y que ya nadie lee semejantes objetos inútiles, porque ya no es necesario que usted ni nadie se ocupe de esos pequeños detalles. Y da lo mismo que se trate de la familia, acólitos, sectarios, amigos o compañeros de trabajo, lo importante es que no pierda usted su distanciamiento, ni el sentido del humor y su encaje, porque reírse y marcar distancias es el secreto a voces que le hará ganar a usted todas las batallas.

Y, para terminar, querido desconocido, no importa quien tire primero y con qué pistola, porque el que gana es siempre el que da en el blanco. Y para agasajar a su ego, porque me parece que no he sido del todo imparcial a la hora de repartir sentido y sensibilidad, culpas y responsabilidades, déjeme decirle, entre usted y yo exclusivamente, que *remeber when... is the lowest form of conversation.* (op cit).

Dr. Frodo,

Mi vida sexual está hecha un lio. En realidad, se podría decir que hace años no tengo una, en su lugar me dedico a escribir y hacerme la manola, pero no con cualquier cosa, no señor. Nada de grandes divas del banging, el squirting o las estrellas del porno, lo mío son los vídeos caseros y las rellenitas, con las profesionales y las flacas tengo un problema, uno que seguro usted calificaría de inmaduro y discriminatorio, aunque vaya en la dirección adecuada, el respeto a la mujer por lo que es y no porque lo que le gustaría haber sido. La verdad le aseguro que ignoro como llegué a este estado. Tengo mujer y amigas, la verdad nunca he andado escaso, pero me faltan ganas, no ganas de hacerlo sino de socializar y fumarme un cigarro luego. Para serle sincero, no sé cómo llegué hasta esta forma de anorexia o inapetencia por el sexo real con mujeres de carne y hueso, y he terminado con una especie de ensoñación o inclinación ingenua por las pajas adolescentes. Ignoro si es un problema de ser sexualmente incompatible con ellas, aunque para serle sincero, mi conducta sexual en términos cualitativos es bastante generalista y corriente, y no necesito de aperos o artilugios de ninguna clase. Lo mío es darle al rabo con celo, más o menos como le vengo haciendo desde los trece o catorce años, con unos cuantos puntos extras de maestría por mi récord personal de castradoras, como

diría Jonathan, picha brava de "Carnal knowledge", (circa

1971), y dígame si no ha llovido desde entonces.

Me pregunto si son mis inclinaciones personales a la

hora de tumbar a la parienta, que, por cierto, no son

nada de otro mundo, o es esta sensación fallida de

futilidad y desaliento a la hora de empatizar y

relacionarme verbalmente con el sexo opuesto, el que me

ha llevado a esta triste inercia y desapego por mojar el

churro en cuerpos auténticos.

Me pregunto si usted aprueba el sexo anal o pertenece

a la iglesia bautista, o no se ha enterado que las leyes

contra esa felonía han sido hace tiempo derogadas, si

está a favor o en contra de semejante conturbo, como

dicen algunas, o si le perece inadecuado que se la chupen

a uno de pie mientras ella está acostada, o si acaso piensa

que las faldas cortas Bada-Bing son ofensivas para las

donas, o si hacérsela a ella con la mano pueda ser

interpretado como un insulto, o si hacerse uno el enfermo

y ella la enfermera que le cambia las sábanas, o usted el

cocido y ella la fulana a la que ha llamado por teléfono, le

pregunto si todo esto es un pecado o una ofensa contra la

declaración de derechos y obligaciones de las que vienen

montando la de Dios con sus reivindicaciones de

mujercita arriba y pendejos varones abajo. Y me

pregunto si no me estaré volviendo marica o budista vajrayana, o si debería hacerme, como ya leí en algún lado, una depilación integra del cuerpo incluidos los pendejos, me refiero a los pelos del cimborrio y a los de los huevos, y si pensar que el cunnilingus o comerle el felpudo a la señora no es bueno para los varones, especialmente para los argentinos e italianos, porque si uno chupa una pepa -como dicen ellos- es capaz de chupar cualquier cosa.¿Capisce?

Alberto, por email

Para empezar, Alberto, veo que no tiene usted pelos en la lengua. Cualidad que, según como se mire, tiene sus ventajas. Colectivamente, digamos, el personal no sé sincera con nadie y menos por escrito acerca de semejantes intimidades. Y no me refiero a su incompatibilidad sexual con las mujeres, que viene desde Pericles, ya sabe, desde los tiempos de la Grecia clásica, que para no aguantar a la parienta se lo hacían con jovencitos, a saber, sujetos terriblemente vulnerables a las que se puede sodomizar sin necesidad de tener que aguantar después reivindicaciones ideológicas. Sino que me refiero al asunto de las pajas, a hacerse la manuela o lavar a mano, asunto que la mayoría del personal lleva guardado en lo más profundo de sus corazones, o lo que hoy se llama el inconsciente.

Confieso, en cambio, que no sé exactamente dónde está el problema. De acuerdo, le cuesta socializar con el género femenino, pero eso no sorprende a nadie. Y, dicho sea de paso, a primera vista se me ocurre pensar que es usted el único perjudicado. Saber relacionarse con las mujeres, especialmente con aquellas con las que vale le pena, es un privilegio del que muy pocos disfrutan. Y cuando la cosa sale bien, le garantizo que el hombre es de verdad el primer privilegiado. También es verdad, y no soy el que vaya a negarlo, que hay mujeres con los que ganas, lo que se dice ganas, la verdad no se tienen muchas, entre otras cosas porque ellas suelen ser una fracción compuesta y a veces inversa y usted una simple o vulgar, sin ánimo de ofender a nadie.

En cuanto a sus objetos preferidos de masturbación, parece ser por lo que dice refractario a estímulos sofisticados y a la amplia selección de imágenes, dog fucking y otras conductas aberrantes, que tiene lo que se dice frente a sus narices en una pantalla de 75 o 88 pulgadas, que le garantizo le proporcionan una experiencia quizás abrumadora pero inolvidable. Y que, sin embargo, al parecer siente una inclinación irresistible por los vídeos caseros en donde el objeto de lujuria es por lo general una gordita de buen aspecto y saludable, lo que sería equivalente a una bonita loba marina de dos pelos para lobo marino macho de cuatrocientos kilos, siendo que las flacas muy flacas y sin tetas no tienen de momento ninguna cuota de pantalla, aunque le aseguro que también a ellas les llegará el momento.

Tranquilo, Alberto, no es motivo de preocupación alguna, sus gustos compartidos y populares en materia de sexo unidimensional no tienen nada de malo, y además son curativos o medicinales, digamos que lo acercan cada vez más y sin que se dé prácticamente cuenta de nada, a la posibilidad completamente terapéutica de que llegue el día en que tenga sexo poco o nada virtual y con todas sus consecuencias con una mujer de verdad, sea flaca o gordita, o incluso muy gorda.

Me pregunta también si apruebo el sexo anal, y montarse bochos o representaciones (así es como lo dicen en Villa Freud) con su novia o esposa (y resulta curioso que en la jerga local con la que aquí disfrutan y que se resuelve en no más de un par de docenas de páginas, no exista un sinónimo que se equipare con tan grata experiencia, una alocución o frase compuesta, que diga más o menos lo mismo). Qué quiere que le diga,

Alberto. El terapeuta no suele desarrollar sobre estos temas, entre otras cosas porque una respuesta afirmativa daría inmediatamente la sensación de que también él mismo lo practica, o es aficionado a esa clase de representaciones, en donde nadie sale perdiendo, y el teatro sale ganado. Pero insisto, esto es algo de lo que no se habla, por motivos psicológicamente inconfesables, quiero pensar, o por la falsa premisa de que el sexo de una u otra clase está justamente reprimido y censurado desde el primer catecismo de la iglesia. Y, de ser así, quiere decime por qué Abraham, Isaac, David, Salomón, Jacob y otros patriarcas e *influencers* que marcaban tendencia ya en el Antiguo Testamento se la montaban con varias esposas, por turnos o todas juntas, y eso es algo que hoy, la verdad, a nadie le importa.

Pero imagínese por un segundo que estuviese hablando con un amigo, uno a ser posible lenguaraz y de género masculino. Seguro que a él no le importaría hacerlo en plan ortodoxo, es decir por el orificio homologado, o dar por culo, literalmente hablando. Porque el sexo anal puede que sea teóricamente reprochable, pero hacer lo que a usted y a ella le venga en ganas es, sin embargo, una sentencia categórica sobre los derechos y deseos de ambos. Y le digo esto, entre otras cosas, porque me inclino a pensar que el sexo de libre albedrío y sin prejuicios es hacer lo que uno y su partenaire quiera, sin miedo a los tabús y estereotipos que hemos heredado desde los tiempos anteriores a Master`s & Johnson y la sexología terapéutica americana, y no desde la Movilidad Cotidiana y sus Encuestas o EMQ.

Hay quienes dicen que la sodomía es cosa de brujas curujas y pérfidas, y que se encuentra entre las prácticas repulsivas no recomendables, pero algunos pensamos que si es así lo es por motivos oscuramente perversos y porque el mal esta muchas veces en la cabeza de los que miran. Mientras que otros dicen que es sólo una narración, una elaboración perversa en donde el hombre afirma su condición más deplorable, y al mismo tiempo, de una manera paradójica, una falsa técnica de fecundación in vitro extremadamente mal ejecutada.

En cuanto a lo de depilarse el cuerpo entero, incluidos los pendejos y los pelos de los gemelos, lo dicho, es un tema también de libertades personales. Lo mismo que comerles el felpudo a las señoras. Aunque, podría decirse, que mientras lo primero es tendencia, y *piano piano* nos acerca al feminismo como teoría del cambio, y a una categoría de hombres todavía no clasificada que nos habla del sexo como ejercicio de mantenimiento practicado en la cama o con ella contra la pared y sostenida en sus fuertes brazos y usted de pie con sus sneakers Nike Air Mac Back To The Future BTTF. Lo segundo, el cunnilingus, en cambio, es como un hábito antiguo y arcaico, y se relaciona con una aspiración muy masculina de poder hablar con una mujer y asegurarse que de esta singular manera su discurso será, con un poco de suerte, más o menos de su agrado. Y le aseguro que más de una vez se utiliza para sustituir al propio pene que no se atreve a salir de su guarida, en ocasiones por un caso de pudor extremo u ortodoxia clásica, y otras para enmascarar su penoso tamaño. Y, tanto en un caso como en otro, y en tanto que analista le aconsejo que haga lo que le venga en ganas, siempre y cuando ella esté en su misma longitud de onda.

Y aunque los italianos sepan mucho de estas cosas, y los españoles estemos en una categoría inferior, digamos ellos en primera y nosotros en segunda B, en realidad son los mafiosos los que tienen una idea pre cristiana y supersticiosa del sexo, incluidas sus connotaciones y daños colaterales, y nunca han escrito una sola línea sobre el asunto, y al final han dejado a los jefes de familia que lo digan todo y no a Rocco (Siffredi), y créame que las pibas se rifan a ese potro, o como usted dice, picha brava. Ah, por cierto, y debería saber también que hoy ya no se llevan las pelis de John Holmes, Jon Dough o Linda Lovelance, por ejemplo, sino que estamos en una línea más, cómo decirlo, Almodóvar o Tarantino, una época lánguida y muy afectada, homo o descaradamente torpe.

Dr. Frodo,

Soy un tipo serio. No me causan ninguna gracia los chistes que eventualmente escucho. También soy inmune a la ironía, que es como decir algo por su contrario -que no otario-, y al sarcasmo, que es lo que le hacen a lo sumo los tipos a los que todo les importa un pomo- y a los juegos de palabras. Lo mío es estar más bien serio, siempre serio, como esos actores que no sonreían nunca. Eso me gusta, e intentar lo contrario, como ya habrá visto en las líneas anteriores, suele salirme rana. Y la verdad es que, si lo piensa bien, a Louis de Funès, Stallone, a Fernandel o Buster Keaton, no les ha ido tan mal. Y vea sin embargo lo que les ha pasado a todos esos que se ríen mucho, y no se me viene ningún nombre a la cabeza. Será por una especie de rechazo inconsciente. Aunque la verdad mi problema no es exactamente ese, quiero decir el quedarme más serio que un gato cagando o un funeral de la mafia, cuando los demás se parten. Mi problema es que cuando hablo -y eso ocurre muy pocas veces- nadie me escucha, y el hecho de que nadie que parezca ser receptivo a mi teoría de que hablar en serio es, de alguna manera, mucho más gracioso, mientras que, por el contrario, los tipos que habitualmente llamamos graciosos en realidad no hacen otra cosa que perder el tiempo, y me refiero al suyo y al de los otros. Por lo menos eso es lo que pienso.

Me preocupa Doctor, el hecho de que no tener sentido del humor se convierta en un problema, especialmente a la hora de ascender en mi empresa, trabajo en una compañía que fabrica piezas y repuestos de automóvil, una que hace auto parts como las empresas de XiJiao. Y me preocupa que eso se convierta en un hándicap a la hora de encontrar una buena mujer con la que casarme. Porque, aunque a usted pueda parecerle que son dos cosas muy distintas, se parecen entre sí mucho más de lo que la gente se piensa.

Y también creo en que sí tuviera la suerte de encontrar un día una mujer deshumorizada, palabra que me acabo de inventar y es lo mismo o parecido que desodorizada (porque en mi mundo la seriedad y la limpieza suelen ir de la mano) sean entonces los hijos que todavía no tengo lo que no acepten la idea de tener, como diría usted, un padre más serio que una mierda de discurso de Macri.

Y mucho más que todo esto junto, me preocupa la posibilidad de que la carencia de sentido del humor pueda convertirse con el tiempo en una patología de relativa importancia, del tipo del autoerotismo, la apatía o el desaliento y la desgana, o la falta de testosterona, o que llegue incluso a causarme la muerte o daños cerebrales permanentes, lo que sería sin duda mucho más desagradable.

Y, para terminar, me gustaría saber, Dr. Frodo, si debería comprarme un libro de chistes del tipo "Los mejores chistes cortos" o "2.000 chistes Para Todos", como hacen algunos que les chifla que los demás callen y lo escuchen a él atentamente, o si debería seguir el método de Actor's Studio y no reírme, aunque algo me resulte gracioso.

Bertrán, desde Barcelona

No pienso ocultarle, querido Bertrán, que se trata de un asunto serio. Tengo en mis archivos un par de casos, no más, pero ninguno que arroje semejante clarividencia y honestidad sobre la propia persona, y no digamos su completa honestidad que, a decir verdad, resulta conmovedora. Sepa que la mayoría de los hombres, analizantes o vírgenes, jamás reconocerían en primera persona una discapacidad o disfunción de esta clase, del mismo modo que nunca le dirían a nadie que tienen una pasta en el banco, o un pijo o nabo que no supera los doce centímetros escasos cuando canta el *¡Arriba España!*, conocido lema de inspiración falangista.

De acuerdo, puede que sea un soso, un malaje, mi querido Bertrán, pero no cabe duda de que tiene usted un par de cojones, que tiene más huevos que un búfalo africano, que un elefante macho, con los que podría hacerse un par de bolas de bolos de alta gama, y unos bolos incluso. Motivo por el cual desde ya le adelanto que, aunque no me vaya a echar unas risas con usted en lo que me queda de vida, ni le pagaría jamás más de una birra en el bar de debajo de mi consulta, sí pienso tenerlo en la más alta estima y valía, y tratarlo como a un duque en mi humilde *séance courte*.

Pero, para ir al grano, déjeme darle unos cuantos consejos, espero que gratificantes, al mismo tiempo que ejecuto el implacable análisis y diagnóstico por el que se me conoce y al que me debo. Déjeme decirle unas cosas que imagino habrán de reconfortarle. Primero, que ser serio no tiene nada de malo, y que yo mismo, puesto a elegir me inclinaría sin lugar a dudas por su mismo bando, porque cuando voy de gracioso, como en los textos que ahora nos ocupan, el personal no parece divertirse mucho y por lo general permanece en un estado intermedio de apatía ingrávida y esa media sonrisa que suelen lucir algunas representantes de las monarquías europeas (salvo las argentinas, y entre ellas incluyo al Papa) por el que uno no sabe nunca si lo que ven o escuchan no les hace un poco o ninguna gracia, y ponen esa mueca de extraña conmiseración y buenos modales sólo por compromiso. O si en el fondo lo que en realidad sufren y nadie se lo imagina, lo que sufren decía, es un caso agudo y extremadamente doloroso de fisuras en el esfínter interior del ano, y se lo digo por experiencia propia.

En cuanto a que no le causen gracia los chistes enlatados, es un arte que yo también practico. Y para su tranquilidad le digo que a mí me parece un acto de sobrada inteligencia y un manifiesto, en el que usted dice, deje que ellos se desgañiten, porque uno tiene cosas mucho más importantes que hacer que reírle las gracias a un pelotudo que piensa que los demás tienen que callarse para que él repita las sandeces que se le han ocurrido a otros, En cambio, el hecho de que cuando usted habla nadie lo escuche, es un asunto de diferente naturaleza, y debería hacérselo ver, no con un especialista en semántica o lingüística del Círculo de Praga, sino con un auténtico *tzantza* , porque, por si no lo sabía, el chiste tiene su relación con el inconsciente. O, si lo desea, puede adoptar una solución mucho más inteligente y rápida, que es quedarse callado. En cualquier caso, por lo menos a mí, eso no me quitaría el sueño, porque lo que se dice escuchar, cualquiera sabe que ya nadie escucha a nadie, y yo he estado en conferencias y seminarios de personas enormemente entretenidas e inteligentes y allí no había más que unos cuantos, no había más de doce cristianos, y por lo menos la mitad de ellos eran becarios de los medios o empleados sin rango de la editorial de turno.

Y si lo que en realidad desea es ascender en el escalafón de su empresa, sepa que el humor o la gracia no le servirán para nada, porque lo único que sumará puntos en su currículo es la docilidad con los jefes y que se convierta usted, hablando en plata, en un hijo de puta capaz de comerle los higadillos a sus compañeros en estricto beneficio del liderazgo, atributo que no es nunca de los más o menos graciosos, ni de los más inteligentes, sino de los cabrones más insensibles e hijos de puta, especialmente en el mundo cruento de las spare parts de los coches que, aunque parezca una pelotudez, dan una pasta.

En cuanto a eso de encontrar una mujer para casarse, lo cierto es que no debería preocuparse, porque el matrimonio, y si ha seguido usted mis charlas ya lo sabrá, es y ha sido siempre de por sí un montón de gracioso, y en especial la clase de chiste con el que todos sonríen al principio y a la larga se les queda cara de pavo. Porque su mujer, llegado el momento, no es más que la otra cara de la moneda de su trabajo, y en concreto de la producción y venta de partes del automóvil.

Y no se preocupe en lo más mínimo que no se quedará solo, porque encontrar una mujer humorista a nuestra usanza -aunque vea muchas en la tele- es más difícil que bañar a un gato. Y eso ocurre porque lo que los hombres llamamos humor, ellas lo llaman de otra manera, y cualquier feminista o pelandrusca está muy por encima de aquello que a la mayoría de los varoncitos les hace gracia. Mucho más importante, en cambio, es que encuentre usted una desodorizada, porque en esto, querido amigo, se equivoca, la gracia o su ausencia no está necesariamente unida a la higiene, y le diría aún más, una mujer que no lo esté le quitaría a cualquiera las ganas de reírse para el resto de su vida, y entonces lo último que habrá de preocuparle no será si es usted o no un tipo gracioso, sino si ella huele igual que el cuerpo insepulto de su abuela, sin faltar a nadie, igual que el fiambre de un tejón de la miel o *Mellivora capensis*.

Y por supuesto tampoco se preocupe de sus hijos, porque a esa panda de energúmenos les importa un carajo si su padre es serio o gracioso, si es de Marte o del puto Venus, si viene o si va, o si se queda en el medio, o si toma su escocés con hielo o seco, porque usted ocupa menos lugar en su universo que una enana roja, y aunque fuese Monty Phyton nunca se reirá de sus chistes por una compleja motivación inconsciente que tiene que ver con el hecho de que usted durante todos esos años haya convertido su educación en un mal chiste, y eso ellos, no se lo perdonan. Pero si quiere un consejo, mucho mejor si habla poco y mantiene durante todo el tiempo cara de póker como la de Amarillo Slim o Adrián Mateos, que si les cuenta chistes de mellados a los cabrones de sus vástagos.

Por último, yo agregaría algo que dijo Gill hace unos años: que la falta de gracia *or not having a sense of humor is a disability, a complete disgrace;* a lo que yo agregaría que*: having one, but no funny enough, is even more disgraceful.* Y que, a saber, de lo primero nunca se ha muerto nadie, ni hay antecedentes de patologías diagnosticadas; mientras que lo segundo ha engendrado *contra natura* centenares de miles, millones de tipos desgraciados que se han quedado cortos y con ganas, o como diríamos en el oficio, un montón de casos de *helplessness* o desamparo. Y que es siempre mejor mantenerse más serio que un mono con una banana de plástico y no darles a los cómicos de los cojones ni un respiro, y no digamos comprarse un libro de chistes, salvo que sean las frases emblemáticas del Señor de la Calzada, reputado sociólogo suburbano, porque eso en psicoanálisis es otra cosa y se llama *reversal into the opposite* o *secondary narcissisism,* o un caso de *transference neurosis.*

Dr. Frodo,

Creo que estoy un poco loco. Me lo han dicho siempre en el cole desde pequeño, en primero de bachillerato y en un par de ocasiones más en mi comunidad de vecinos. Dicen que los locos no encuentran nunca trabajo, y mis padres que, si estoy mochales, para que van a preocuparse, que como no monte mi propia secta al estilo de Charles Manson en el desierto de California o como Jim Jones en la Guyana, no tengo futuro, y termine como el segundo, tal como debe ser, hecho puré y enterrado después de una doble dosis de cianuro y con treinta y ocho centígrados a la sombra. A mí, la verdad, me gustaría morir fresquito en un lugar como Noruega, el norte de Suecia o Finlandia, en el círculo polar ártico.

Pero locuras aparte, usted que se ocupa habitualmente de otros tocados, sería tan amable de aconsejarme a que puedo dedicarme y sacar al mes un poco más que por una pensión de discapacitado que debe rondar los seiscientos, aunque algunos digan que, para un tarado, 600 pirulos de la UE es una auténtica fortuna. Yo, en realidad, había pensado en dedicarme a la política en mi ayuntamiento, que al parecer en política (de polis, que le parece eso) los locos pasan desapercibidos. O, como plan B, escribir mis memorias en cuadernos con renglones, que después nadie entiende la letra que se va para arriba o para abajo, porque, según me han dicho, las letras son un indicador seguro de la particular patología de cada uno. Y si no sabe escribir, ya sabe, usted será el primero que se joda, aunque nadie podrá decir que sólo por ese motivo uno esté pirado. O al menos estas son las conclusiones a las que he llegado.

Y dígame también que es mejor, ser un poco raro, y andar de loquero en loquero, de colonia en colonia, o de hospital psiquiátrico en HP, de Mondragón a Las Palmas, y ser al mismo tiempo el mejor poeta español, y en esto están de acuerdo sanos y descerebrados, pirados y normales; o ser un pringado, como un montón de gente que conozco, más sano que una lechuga o que Juan Sánchez Villalobos-Ramírez en "Los Inmortales", y estar igual de jodido.

Junior, por email

Junior, entiendo que es así como se llama, como Junior Firpo, lateral izquierdo del Barcelona FC, o como Antonio Morales "Junior", y ese, puede estar seguro, no es lo que yo llamaría un buen principio. Pero dejémoslo así por ahora. El caso es que para ser loco no va usted muy desacertado. No ha dado en la diana, pero ha estado bastante cerca. Efectivamente, los locos no tienen futuro, especialmente desde que Franco Basaglia, a saber, y luego Antonucci, Giorgio, se decidiera a desmanicomializarlos, y dejarlos en la calle o en colonias (como la Colonia Emilio Vidal, en Córdoba, Argentina). Y ahora mismo dudo si incluir al conocido Rojas-Marcos, autor prolífico y antiguo director del Sistema Psiquiátrico Hospitalario Municipal de Nueva York, responsable de los servicios de Salud Mental de la ciudad, y a la sazón sevillano, *y al carajo con la Feria, que a casa nos vamos*. Y como sabrá, o probablemente no, todo ésto durante un tiempo no tuvo precedentes.

Es verdad que, en la Edad Media, que duró la tontería de mil años, los locos andaban sueltos por las calles, haciendo sus cosas, cagando de cuclillas, haciendo gestos raros con las manos o hablando en jerigonza con caballeros cruzados, menestrales y cortesanos, y literalmente nadie les daba bola. Tampoco se le consideraban peligrosos, porque solía ocurrir que, de querer darle a un sano un guantazo, por lo general no daban pie con bola. Después, nos cuenta la historia, vinieron tiempo mejores y a los locos los pusieron en las cortes barrocas para contar chistes o tirar las cartas, o para bailar despreocupadamente mientras hacían huevo por los jardines de palacio. Luego llegó una época mucho más higienista y a los locos los encerraron con sus hermanos, y nadie sabía si estaban a gusto o no, pero al menos tenían su pitanza y no andaban por ahí molestando a los normales, que como suele decirse, eran también tarumbas, pero de otra manera.

En los tiempos que corren y en tiempos en general post-farmacológicos, no restrictivos y con políticas más democráticas, tengo la agradable sensación de que, para sorpresa de psicos y ordenanzas, hemos vuelto a la Edad Media. Por lo menos desde que, no hace muchos años, una escuela de terapeutas en concilio (durante la segunda mitad del siglo pasado) decidieron unívocamente que mucho mejor locos y sueltos que locos y encerrados, o en hospitales psiquiátricos con residencias temporales, en instituciones privadas o en casa del más vulnerable de la familia o el que andaba mejor de pasta.

El caso es que no sé si es verdad, ignoro en qué situación se encuentran los interfectos más a gusto, entre otras cosas porque con los guillados no se comunica uno, o se habla con ellos incongruentemente, es decir haciendo uno mismo de terapeuta progresista o de pirado, o no se habla en ningún caso. Lo que está claro es que sin ninguna clase de dudas es más barato tenerlos en la calle que alojados, y que, mientras los problemas de vivir en sociedad siempre los han resuelto los propios afectados, el dinero que se ahorra la administración pública habrá de servir de esta manera para asistir a los cuerdos, especialmente a aquellos que pertenecen a las juntas directivas o son consejeros delegados de algunas de las grandes empresas multinacionales.

Si los locos prefieren estar solos y haciendo migas con los sanos, o si prefieren todo lo contrario, y están mucho más a gusto con otros guillados como ellos, es algo que confieso nadie sabe, y menos que nadie el Dr. Jerigonza o el psiquiatra urbano de turno, porque el campo suburbano está lleno de pirados, pero a nadie le importa un carajo, salvo en vacaciones. En mi experiencia personal, estaría tentado en decirle, querido Junior, que como mejor están los locos es entre otros de su misma especie o parecida patología, quiero decir con border lines, sociópatas y antisociales de diverso grado, de esta manera los que tienen demencias anodinas varias y los sanos podrán disponer de una movilidad controlada dentro del peculiar entorno de sus quehaceres habituales, la mayoría de las veces, no me negará, poco saludables.

En cuanto a los sanos, inmaculadamente sanos, de esos lo mejor es estar lejos, sea usted un loco suelto o un tipo fetén entero y bienintencionado o se encuentre perfectamente homologado por los medidores sociales que se han sacado del bolsillo nuestros ilustres psiquiatras -incluido Rojas-Marcos- que, según como se mire, no es más que un psiquiatra colaboracionista con las autoridades locales. Y los gringos, como todo el mundo sabe, son paranoicos muy normales y nunca llegan tarde a ningún lado, y es más que seguro que lo tienen catalogado como un migrante cualificado, un extranjero un punto raro o sevillano pero inofensivo y asimilable, y hecho a la medida de una sanidad social liberal republicana o demócrata que tiene muy claro en qué gastarse los cuartos, y a los locos y a los sanos, por ellos, les pueden ir dando a todos por culo, políticamente hablando.

En cuanto a eso de entrar a formar parte de una secta o crear la suya propia, ya le digo Junior, que esa sí es una jodida locura, y no me refiero a los tarumbas con una condición patológica, ni a la clase de tonterías que hacen los locos diagnosticados, sino los gilipollas. Porque las sectas, como los partidos políticos, son organizaciones frívolas e interesadas en donde uno se enlista, con Jim Jones por ejemplo, para sacar sus ventajas, ya sabe, un polvo gratis al día, su pienso y picoteo y una casita compartida de madera en la jungla, pero no en el caribe rico de Caimán o las Bahamas, sino en Jonestown, por ejemplo, en la Guyana, la parte barata del atlántico.

Y si se trata de partidos políticos, tres cuartos de lo mismo es lo que reciben, más un iPhone de última generación con permanencia, una tablet a juego y un sueldo de funcionario garantizado durante cuatro años y con gastos pagos. Y sepa que, como con los jamados, para ser político no es necesario que diga usted algo medianamente inteligente o razonable, sino que es suficiente con no abrir el pico sino se lo mandan, quedarse sentado sin mover el trasero del banco y apretar el botón indicado -nunca el otro- cuando se lo digan los que rulan y cuando así se requiera, nunca antes ni después del momento oportuno, porque eso los pondría en evidencia. Y de ser así, al final todos descubrirán que no está usted de verdad loco, sino que es prediciblemente un gilipollas de mierda con un banco de diputado con tres botones, o de consejero en el triste pleno de su municipio.

Y todo esto, supongo que ya lo habrá deducido usted solito, aunque esté más loco que siete viejas o el nono con una navaja. Claro que se lo aconsejo, y de tener la menor oportunidad empiece ya por militar en un partido, y tenga en cuenta que los nacionalistas o los de extrema derecha suelen ser mucho más tolerantes y receptivos y menos exigentes que los dos grandes, y a la menor oportunidad, por activa o por pasiva, métase usted en la lista, y lo demás vendrá por añadidura. Y quédese usted tranquilo, Junior, que una vez esté en funciones, da igual que esté rayado o que prevarique o robe del presupuesto autonómico, o que defiende con su voto los derechos de los migrantes y la subida de los sueldos más bajos y las pensiones, que prácticamente todo es baladí y dará más o menos lo mismo, porque lo único importante es que nadie se dé cuenta que su representante en las instituciones es un jamado o un jodido incapacitado, con perdón de los auténticos locos.

En cuanto a eso de hacerse escritor, ya le adelanto que no vale la pena (salvo que tenga usted un pariente cercano en La joya ediciones, Libros del Asteroide o Planeta, y ya ve por donde andamos), que la mayoría no se llevan una libra. Pero si aun así insiste, por mí no habrá problema alguno, puede hacer crítica cultural, como un servidor, o poner su propio chiringuito literario, puede escribir sus memorias si quiere, a sabiendas claro de que a nadie le importan un carajo, salvo que el imputado haya participado en un *reality* de Tele Cinco, por cierto, un invento romano, de los mismos tanos que hace años inventaron los acueductos, los arcos y el calendario Juliano. Y si quiere también puede escribir poesía en cuadernos reglados o de hoja blanca, que según las últimas teorías en patologías de tercer sentido (de Deleuze) y el SDM-5, da exactamente lo mismo, pero recuerde, querido Junior, que como dice el proverbio: *insanity is not for fiction.*

He pensado en tatuarme en la punta de la polla un elefante hembra con su cría. Es mi primera opción, aunque tengo un plan B, no solo para el capullo sino para el resto del cuerpo todo. Podría ser una pitón gigante del llano venezolano o una madre de oso pardo con la suya corriendo en la montaña con un fondo de Tundra con bosques de hoja caduca, de piceas y abetos. En la parte alargada del falo haría un sendero o un rastro con huellas de esos mismos grandes mamíferos El resto de mi cuerpo lo dedicaría a otras especies conocidas en su hábitat, ya sabe una colonia de pingüinos emperador, especie endémica de la Antártida, en la nalga derecha, y en la izquierda una de frailecillos o chochines en los arrecifes de la isla de May o Saint Kilda. Mi espalda sería un hábitat particular, como un bosque tropical lluvioso con árboles gigantes y varias especies de aves del paraíso. Mientras que en el pecho y en el abdomen habría un hábitat marino de un azul intenso con lo que podría ser una ballena azul con su cría, o en el plan B, una variedad de cetáceos dentados; las piernas las dedicaría a un popurrí de especies, en especial mamíferos en peligro de extinción en una, y en la otra algo variado como en aquella carátula de Douglas Adams, es decir, un tucán, un no sé qué y un gorila macho de espalda plateada; los pies *los dejaría para el tatuaje de las patas de un T Rex o algún otro dinosaurio carnívoro del Cretáceo, por sugerencia de mi hijo que tuvo un sueño revelador con este mismo asunto; mientras que los huevos o testículos acogerían algunas especies de arañas grandes como las tarántulas, la araña lobo o las cazadoras gigantes, o unas pequeñas pero mortales como la araña violinista o la viuda negra, mientras que el agujero del culo sería per se y sin tatuajes como una alegoría meteorológica al cambio climático, la contaminación de los mares o el agujero de ozono. En principio sería algo así o parecido y en vivos colores, y de este modo me gustaría convertirme -como ya se habrá dado cuenta- en un alegato viviente contra la actual política ambiental y el respeto al medio en general.*

Carlos, por email

Estimado Carlos, antes que nada, permítame que agrupe su consulta con otras parecidas de las muchas que recibo cada día. Y déjeme que le diga también que ninguna de ellas tiene en realidad mucho que ver con mi especialidad, que son las terapias rápidas y la teoría de la subjetividad aplicada a sujetos individuales. No obstante, trataré de responder a sus inquietudes de la manera más honesta que sea posible, aunque no siempre se encuentre sustentada metodológicamente y a pesar de lo aberrantes que resulten algunos de sus antojos, en especial los que se refiere a los huevos y al agujero del culo.

La verdad es que no puedo ocultar lo gratamente sorprendido que estoy al ver la variedad y versatilidad de su temática a la hora de embadurnar su cuerpo gratuitamente. Pero antes de entrar en materia, debo anticiparle -aunque no resulte muy ortodoxo tomar partido- que, desde mi punto de vista, tatuarse partes del cuerpo, no digamos ya el cuerpo entero, es algo parecido a un trauma o a un accidente vascular inesperado.

Fíjese que estaba yo el otro día cortándole las uñas de las manos a mi madre que es anciana y le rebané parcialmente la yema de un dedo, no recuerdo si del principal o el índice de su mano derecha, que se puso a sangrar profusamente. A continuación, hice lo primero que se me ocurrió con lo que tenía a mano y fue cubrirlo de Betadine, que es, como usted sabrá, un antiséptico en solución cutánea. La tintura roja dejó teñido no sólo el dedo afectado, sino tres o cuatro más, los dejó cubiertos por una especie de mancha abstracta similar a la que deja el *paan* (la hoja de betel) en labios y boca de los amigos de India y Bangladesh que lo consumen. El caso es que para mí un tatuaje, independientemente de su tamaño o contornos, es exactamente eso, un accidente vascular que tiene lugar no sólo donde se aplica el tinte, como es mi caso, sino directamente en su cerebro, como es el suyo, aunque mucho menos abstracto y se podría decir que, a primera vista, bastante más organizado.

Ignoro los motivos porque la gente se pinta el cuerpo por debajo de la piel y de forma permanente, aunque ya le digo que pueden ser muchos, pero podría aventurar algunas hipótesis. Podría ser porque su fondo de armario es un verdadero desastre y mejor andar pintado que desastrado, o porque su propio cuerpo lo es, aunque por lo general, paradójicamente, los mejores tatuajes se encuentran en los mejores cuerpos, tanto de ellos como de ellas. Porque se trata de una vieja tradición tribal o cultural, de etnias que no guardan ninguna relación con la suya, y eso es incongruentemente conciliatorio. No sabe lo bien que se sienten las culturas visitantes con las anfitrionas cuando emulan sus hábitos más antiguos. Porque el reloj de su evolución personal y capacidades intelectuales se ha parado hace un buen rato, y lo único que le queda es convertirse en una especie de cuadro o anuncio de carretera, un gotelé móvil con todos los colores del arco iris que induce a los más tarugos y dóciles a pensar que lo que usted hace con su cuerpo tiene algún sentido, cuando en realidad usted nunca ha hecho mucho más que doblarse los pantalones a la altura de las pantorrillas, o las mangas cortas de su camiseta para que se lea vea el rabo al gato, y dejar tres botones abiertos en su camisa. Podría ser por aburrimiento -y todo me importa un pimiento- y porque ha estado todo este tiempo, y me refiero a muchos años, mirándose al espejo y no viendo absolutamente nada, en cambio ahora parece un Merello o cualquier otro pintor colorista moderno o un grabado japonés de Kuniyoshi, y por fin se siente a gusto consigo mismo y piensa que al menos ha hecho algo interesante por la cultura de su pueblo o la de su comunidad de vecinos. Porque está rayado, chaucha o desorientado, y a los pirados, como ya sabe, les encanta autolesionarse o decorarse el cuerpo con abrasivos; o quizás -y fíjese lo que le digo- porque es todavía como un niño pequeño con su caja de creyones, pigmentos o pinturas corporales Lictin. La verdad, no tengo ni puñetera idea, no lo sé, pero puede elegir usted entre un montón de teorías, y aún tendrá la incómoda sensación de que se ha quedado a medio camino.

En cuanto a la temática, debo reconocer que me gusta. La mayoría eligen entre los clásicos que le ofrecen sus casas de tatuaje que son muchos, sus casas madre, que son un poco como el Bethel de los Testigos o la capilla de San Patricio para los irlandeses, la Chiesa de San Jenaro para los napolitanos o el Templo del Pueblo para los metodistas comunistas de JJ, o el maquillaje de guerra para las cruentas fuerzas del ERS o Ejército de Resistencia del Señor, en Uganda. Me gusta imaginar sus animales moviéndose acompasadamente con la contracción de sus pectorales, los cetáceos y los roncales nadando en las aguas profundas de su pecho, o era de sus cuádriceps y gemelos, me gustan los diferentes hábitats pegados a su piel de esa manera tan natural en que se pega al cuerpo nuestro clima, y los depredadores carnívoros amenazantes en sus extremidades, y muy especialmente los artrópodos venenosos, por no decir fulminantes, que lleva agarrados como ladillas a sus genitales… la verdad, Carlos, es que me pierdo.

Está muy bien, pero que muy bien, querido, y no le quepa duda que la gente se parará en la calle para mirarlo, para mirarlo como miran una cagada de perro grande, de un terranova, un boyero o de un mastín napolitano, y cambiar de acera o doblar repentinamente la esquina. Porque, por si no lo sabía, al personal le importa una mierda si usted se pinta el cuerpo, que al final es suyo y de ningún otro, con la estelada o la bandera argentina, con los colores de su club de fútbol favorito o la multicolor en arco iris de los mariquitas, como los hijos adoptados de JJ. Porque de importarles algo, les importa sólo el suyo y el de la piba a la que se están tirando, pero les importa una mierda que usted se pintarrajee la punta de la polla o los dedos de los pies y las manos con el pentagrama de la Traviata, porque ellos, por no ver, no han visto todavía la sala de los flamencos, la de Goya o la del Greco de su museo más importante. Y ahí tiene otra idea, siempre y cuando su superficie corporal sobrepase digamos los dos o tres mil centímetros cuadrados y pese usted más de doscientos kilos en pie, tatuarse miniaturas de la colección completa del Museo del Prado en todo su enorme cuerpo de gilipollas.

En cuanto al efecto político y a las posibilidades de que sea aceptado en los cuadros militantes del Frente Revolucionario Climático o FRC, o del Movimiento para que no le rompan las pelotas al clima, o el MNLRLPAC, tengo la impresión, Carlos, que no tiene frente a estos autistas y panteístas melancólicos muchas posibilidades, porque para ellos, aunque usted no se lo crea, el cuerpo es sagrado junto con los espacios naturales, y prefieren las sentadas o manifestarse pacíficamente en lugares estratégicos como Bruselas o las cumbres de los 7 grandes, y no los siete grandes bancos de España o *Los siete magníficos*, de Sturges, sino los del G-7. Porque esos chicos prefieren pintar carteles a hacer boludeces con sus propios órganos, aunque sólo sea por debajo de sus sagradas y naturales y panteístas células epiteliales. Así que, amigo Carlos, de alegato viviente un carajo, váyase usted a su disco preferida, a Amnesia o Eden, en San Antonio, o a Ushuaïa, en la Playa d`en Bossa, y apoye esa monada de cuerpecito en la barra, porque lo suyo no es mucho más que otra pelotudez exhibicionista y narcisista, y dos huevos duros.

Sr. Frodo,

Soy una chica de diecisiete años comprometida con la protección del medio ambiente y me gustaría convertirme en una militante activa. Mis padres se niegan a dejarme que me instale en el campo en un pueblo abandonado en el Pirineo catalán, o a que haga coya con mis colegas en otros países más sensibles al tema que nos ocupa, y no como el nuestro, que es un país guarro y primitivo, en donde, aunque no se lo crea, la gente junta el plástico y los envases con los desperdicios de la comida de casa. Ellos dicen que para eso hay que tener guita o ser de buena familia, como Greta Thunberg, o tener un tío en alguna organización internacional de protección del medio ambiente. Por esa razón he decidido quedarme en casa en Barcelona, y tatuar todo mi cuerpo con una plástica de reivindicaciones que incluya figuras arquetípicas y retratos de iconos medioambientalistas, como Repsol o Iberdrola, auténticos referentes de los ODS. No tengo claro todavía si serán figuras de cuerpo entero, retratos o alguna clase de anagramas inteligentes, o quizás algo imitando un selfi sobre un fondo de paisajes icónicos amenazados por el cambio climático. No quiero retratos de animales o paisajes románticos, como les gusta a algunos, quiero retratos personales y conceptos abstractos que utilicen fuentes naturalistas, consignas en inglés o una numerología que establezca, como es lo suyo, una relación mística con los números.

Me gustaría saber qué piensa sobre esto, y si le parece, como dice mi padre, que es una manera estúpida de tirar el dinero que tanto le cuesta ganar, y que es mucho mejor estudiar y formarse para convertirse en una buena jurista o abogada para luchar por la defensa del medio desde el interior de las instituciones, y que de tatuarse algo él, personalmente, se sentiría más inclinado a pintarse una calavera en la espalda y el nombre de una piba y el de su madre distribuidos por toda su geografía corporal. Eso es lo que dice. Yo creo que se equivoca, soy una buena chica, pero no una gilipollas, soy más bien una militante estética y una influencer a la que le gustaría mogollón crear tendencia.

Sonia, Ciudad Meridiana, Barcelona

Esto, Sonia, ya es otra cosa. A diferencia de mi anterior analizante que se mostraba claramente propicio al naturalismo más obvio y paisajista, veo que usted pertenece a una generación posterior y mejor adaptada a las tendencias actuales. Para empezar, aunque igual de obstinada, marca usted una diferencia que, si no me equivoco, asocio claramente a su juventud y maneras mucho menos estoicas y contraculturales. En otras palabras, mientras que el amigo Carlos era una clase bien definida de paleto decimonónico, usted se apunta a una corriente nueva y aunque oscura, mucho más vanguardista, como la de *Jessica Jones* y el *Marvel Comics* de ahora, lo que no quiere decir que sea, a diferencia del otro palurdo musculitos y machacón, estética o políticamente relevante.

Para empezar, le pediría cordialmente que se levantase la falda, aunque más no sea simbólicamente, y nos mostrase su manifiesto sin complejos y el nuevo *Green New Deal* (y perdone la redundancia) que nos propone. Y no se preocupe que, al menos yo, he sido siempre un auténtico desastre en matemáticas y en cuestiones de números en general, no digamos la representación abstracta que nos proporcionan los signos gráficos y conceptos matemáticos y, sin salirme del tema, no le digo nada sobre lo malo que he sido siempre con los anagramas, y que lo más parecido a una selfi que he hecho en toda mi vida está probablemente hoy en el inquietante museo de plástica y fotografía de Radio Colifata.

No sé si lo ve claro. Pero para continuar, debo decirle a modo de epígrafe que sus números y pelotudeces relacionadas con las del mundo de las fracciones y las ecuaciones varias, junto con sus cosillas sobre los tipos de letras, a lo Harald Geiser, encargado hoy de recrear la tipografía de Freud, la verdad, me traen sin cuidado. Y que lo cierto es que no he podido despegar la vista de esas monas e ínfimas braguitas rosas suyas que llego a imaginar. Confieso que las medioambientalistas siempre me han puesto un poco, junto con las femes, y especialmente aquellas jóvenes y delgadas y con un par de tetas, pero no podría decir lo mismo de los síndromes que afectan el desarrollo dentro del espectro autista, fenómeno muy poco o nada socializante que afecta la comunicación verbal o no verbal, como el de su admirada y dramáticamente poco expresiva Greta Thunberg.

En cuanto al poco dinero del que dispone su padre, el viejo tiene más razón que un santo, toda la razón del mundo. Deje mejor que lo guarde para causas más provechosas y un poco más medio plazistas, como el de futuras conservacionistas que hoy mismo no son tendencia. Y por si no lo sabía, le recuerdo que la popularmente conocida y mencionada jovencita de la que hablábamos en el párrafo anterior sufre el síndrome de Asperger, y vive no exactamente en Ciudad Meridiana, como lo hace usted, sino en los Alpes Suizos, y se desayuna con la leche fresca de sus vacas todas las mañanas.

Tampoco tengo nada contra los arquetipos o los retratos de figuras históricas de la lucha contra el cambio climático, o contra las consignas escritas y la numerología, con la que usted seguro no habrá de evitar que lluevan sapos y culebras en los días impares. Ni me importa una mierda las consignas en inglés o en turco, o desfilar por el centro tocando tambores y haciendo rimas fáciles con sus amigas.

Lo que sí me sorprende es su defensa de los grandes referentes de los ODS o los Objetivos de Desarrollo Sostenible, tal que Endesa o Iberdrola, que por si no lo sabía son hoy el enemigo público número uno. Y veo que, como la mayoría de las braguitas rosas unidas no está usted muy informada sobre este asunto, son ellos precisamente los que le rompen el orto con la factura de la luz y del agua a sus viejos. Y créame que, mejor un par de billetes de cincuenta libras para su mensualidad, que un montón de espacios naturales verdes en el entorno de las oficinas de esas grandes empresas nacionales que escalan hasta los primeros puestos del IBI a cuenta de los que se cagan de frio en invierno y de calor en verano.

En cuanto a que su padre se sienta inclinado a tatuarse una calavera en la espalda y el nombre de su madre por todo el cuerpo, déjeme decirle que no sólo me parece apropiado, sino que un montón de bonito. Y si hay alguien que de verdad reivindica en su casa, ése es su viejo, y no usted que, con diecisiete primaveras no pasa de ser un chochito joven recalentado, y perdone que me ponga en plan guarro como Humbert Humbert, mucho más que en el de analista o terapeuta rápido que es el que por derecho me toca.

Y para terminar le diría, querida jovencita, bájese usted la falda que hay por ahí un montón de mirones muy poco o nada proteccionistas del medio ambiente, y se olvide de sus tatuajes, que a su edad sólo se puede reivindicar las canciones de Selena Gomez o Ariana Grande, y deje que su padre le guarde la pasta para una carrera de derecho, por ejemplo, que lo de torcido lo lleva usted en la sangre.

Y claro que le gustaría ser una militante estética medioambientalista e *influencer*, pero ya hay de esas un montón. Y si le soy sincero, le digo que a mí también me gustaría, eso y compartir con usted un par de Fantas de naranja mientras hablamos de los números que tiene y esas cosas, y en dónde se ha tatuado la fórmula de la relatividad general de Einstein, la de la escala del tiempo y el efecto vertical en la subida del nivel del mar, si en las inglés o en los muslos, y dónde los cálculos estadísticos de sus amigos derrotistas, defensores del fin del mundo y augures de los futuros desastres climáticos. Pero me temo que no soy más que un pobre viejo pelotudo de sesenta y pico de años, y usted una lolita maciza, y en sus números seguro que estoy más muerto que todas esas especies extinguidas -junto con el psicoanálisis- como la polluela de Lysan, el bucardo, la pantera nebulosa o el dodo de las islas Mauricio.

Eso es lo que pienso, querida Sonia. Pienso que hay que proteger al planeta, pero no solo de los cambios irreversibles que provocamos algunos pelotudos como yo en la naturaleza, sino también del *deep state* y de jovencitas astutas y erráticas como usted. Porque ambos nos amenazan de uno y otro lado, y que el amor a la naturaleza de cada uno no se mide por la precariedad o el eco internacional de su militancia, sino por sus convicciones interiores y el respeto a los demás cada uno en su escalera y empezando por su casa, por su perro, los cactus y las azaleas que tiene en el jardín.

Dr. Frodo,

No quiero que me malinterprete, pero adoro el cambio climático y abogo por la desaparición de la naturaleza, incluidas las abejas. Tengo alergias múltiples, a las picaduras de insectos, al sol y a las esporas de las plantas en primavera, y corro el riesgo permanente de sufrir un shock anafiláctico. Tampoco soporto el olor de los fertilizantes naturales de materias fecales procedentes de animales como los cerdos y los caballos con los que se abonan los campos en algunos lugares.

La verdad es que me gustaría vivir en una ciudad como Tokio, por ejemplo, ya sabe en una llena de gente joven muy loca y vestida cada uno según su propia personalidad, entre máquinas de juego muy divertidas y otras para bailar como una loca al ritmo de bailes programados electrónicamente. Nada de animales, plantas o hábitats agresivos, como el desierto o los bosques tropicales húmedos, no digamos de lugares muy fríos cerca de los polos, porque si hay algo que no soporto son las temperaturas extremas, especialmente las gélidas o muy frías. En las zonas subtropicales podría sobrevivir, de hecho, resido ahora mismo en un clima mediterráneo que, si bien no está del todo mal, especialmente en las temporadas intermedias, en verano, créame cuando le digo, resulta repetitivo, estúpido y turísticamente colectivista.

Sé que no es políticamente correcto para una chica de mi edad militar en contra de las tendencias dominantes, pero si le soy sincera no puedo ocultar mi afinidad con los paisajes mecanicistas (me parece que se dice así) y futuristas como los de Blade Runner o Passengers, y sueño con vivir dentro de una casa en un entorno automatizado lleno de gadgets y pantallas brillantes y toda clase de dispositivos que le hagan a las chicas como yo la vida más interesante y atrevida. El hecho de que haya o no haya árboles y plantas y que el oxígeno se produzca industrialmente y no como un subproducto de la fotosíntesis, me importa una leche.

Y, como ya le dije, esto incluye también a los animales, especialmente a los muy grandes o agresivos que me dan pavor, y a los más pequeños que me producen una sensación extraña de escozor y desconfianza, y créame que las que tienen mi edad o parecida ya tenemos de sobra con nuestros semejantes, que son una especie animal mejorada de mamíferos placentarios, y le confieso que espero con impaciencia la llegada de humanoides al comercio de barrio, que no robots de lata del tipo Tin Can Robot como el de Alicia.

Quisiera saber, Doctor, si pensar así es una especie de deformación o un problema psicoanalítico que tiene origen en el sistema general de la enseñanza pública del que disfrutamos, o incluso del sistema de inmersión lingüística en particular, que suena como muy poco hidrófugo y Chernóbil; o si es culpa de mis progenitores que nunca han tenido ni puta idea de cómo orientar mi educación. Y quisiera saber también si hay más gente como yo allí fuera.

Tania, por email

Definitivamente Tania, sí que lo es. Un problema, quiero decir, que se origina en su más tierna infancia, como casi todos los demás, y cuya patología ni usted ni yo seremos capaces de diagnosticar. Pero, aun así, no puedo negar que me resulta inspirador. Quiero decir, escuchar por fin a alguien que dice lo que piensa sin pudor y no se hace eco de las tendencias conservacionistas de moda y el pensamiento políticamente correcto que se ha hecho viral.

Que yo sepa, T., ya son ustedes por lo bajo dos, el Sr Trump, del Comité Central, y usted, quiero decir dos a los que le chifla el cambio climático y ven en él la oportunidad de hacer algún dinero. Y no como la contra que se cuenta por millones, y parece perfectamente

coherente en sus reivindicaciones, y si no dígame a
quién carajo le puede gustar la idea de que la playa de
su pent house en St. Marteen, es un decir, vaya a subir
de nivel justo hasta la altura de los sillones rojos de B&B
o Paola Navone, o que todo esos mamíferos de gran
tamaño o pequeños se vayan literalmente a tomar por
culo y en su lugar nos quedemos con un robot de cocina
Mycook Legend de Taurus, que como servicio de
compañía es con toda seguridad peor que una hiena
manchada. Y le aseguro que no va a haber robot alguno
del tamaño de una ballena gris o cualquier otro cetáceo
de más de cincuenta toneladas que vaya a hacerlo feliz.
Hay ideología buenas y malas, se suele decir, pero ésta
suya clasifica en los mejores puestos de la tabla
periódica de los elementos en política exterior, estando
Chernóbil en el primer lugar. Pero el asunto -y usted lo
sabe bien Tania- es que las cosas nunca son como
parecen. Y permítame que le dé algunas claves que le
sirvan para buscar una interpretación.

Si mira de cerca a los defensores de la naturaleza y
del medio ambiente en general y a los
conservacionistas, con tatuajes o sin ellos, verá que lo
suyo es un amor desmedido por cierto sentimentalismo
tribal, y a la mínima de cambio podría arrancarle la
cabeza sólo porque un día le metió (y pienso en Gill) un

calibre 7.62 ruso a un cabrón de babuino, sólo por experimentar la carga de una conducta atrabiliaria sobre la conciencia, que no va necesariamente en contra de lo natural (y a este propósito le recuerdo aquella película de Brad Pit, ferviente anti consumista y defensor de los derechos de los animales), y le garantizo que esos militantes *hairdo* le pegarían antes un tiro a su mamá y lo harían sin pestañear, porque nunca se han puesto a pensar que los que de verdad sufren no viven en un árbol, sino en lugares como Siria, Afganistán o Somalia, por citar sólo algunos.

Y no se trata de que creer en una u otra cosa a la vez sea técnicamente imposible, o que ambas sean autoexcluyentes, sino que lo importante es saber dónde pone uno sus prioridades. Si es más importante evitar a cualquier precio el hecho de que el nivel del mar suba cincuenta centímetros o más, o si el verdadero problema es proporcionar seguridad y confort a todos esos pobres desgraciados que no se han de pensar si tienen que elegir entre *Tres Hombres en un Bote*, de Jerome K. Jerome, o una comida caliente con entrada, plato principal y postre, y un fondo de armario de Marc Jacobs y/o un centro de belleza para hombres *GQ para Dufry*.

Que el planeta se vaya a la mierda está mal, pero pienso que sería mucho peor que antes de que eso ocurra, sus habitantes se habrán ido ellos también, pero mucho antes, y al final sean los autistas jóvenes y los suizos los que se queden con un planeta hasta *la casquette* de animales de todo aspecto y tamaño y un medio ambiente equilibrado, mientras que los oprimidos, excluidos y marginados se quedan en los huesos en un puto desierto africano a nada de ser inundado por las aguas, no del diluvio, sino del capital, la *swissploitation*, para el caso, que no l'sprit escandinavo.

Unos dicen: salvemos el planeta, los ecosistemas, el bosque húmedo, y los océanos, si se trata sólo de salvar... salvemos incluso tres cubitos para su escocés *on the rocks*, salvemos los glaciares porque de ellos depende el futuro de la humanidad, lo mismo que el del oso blanco y el pingüino emperador. Mientras que los otros dicen: salvemos a los migrantes y a los desamparados y traigámoslos al barrio, cerremos los campamentos de Acnur, los campos de refugiados en Bangladesh, Etiopía y Jordania, cerremos Kos, Lampedusa o Lesbos, en donde los pobres sirios, argelinos y cristianos libaneses sólo piensan en hablar por teléfono con sus familias en Europa, la tierra prometida, y en largarse. Siempre claro que se trate de Noruega o Suiza, lugares garantistas en materia de política migratoria, y no de España o Italia, que son supremacistas del montón, o Grecia, en donde están peor que en la RDC, no digamos Hungría o los Balcanes. Porque los desgraciados ya ni piensan en comer ni en si les da el sol o no, no digamos en si caen cien o doscientos litros en una hora y por metro cuadrado, si no que sólo piensan en los jodidos papeles, los putos papeles que necesitan para sobrevivir en el extranjero, y después de las gachas, el sándwich de chope y la botellita de agua, piensan en dónde poder cagar con un poco de dignidad al menos.

Uno tiene la sensación de que no se puede militar en ambas corrientes a la vez, sería invalidante por inclusivas y no porque sean refractarias o excluyentes, y que el futuro es sólo para las casas con jardín, mientras todo lo demás es un problema de política internacional que debe dirimirse en Bruselas y no le atañe a usted en persona.

En cuanto a aquellos que se pronuncian a la contra, digamos que no militan de una manera grupal o colectiva, sino que se lo guardan todo para ellos y los de su club, suelen divagar sobre un planeta con menos gente y una riqueza mejor distribuida entre los que mandan. No, querida Tania, no se ven por ahí personal con carteles que digan *hurrah* por el cambio climático o *climate change is the goal*, existe un problema de pudor y el hábito inconsciente más viejo de la humanidad que consiste en guardar en secreto nuestra vileza y manifestarse en la buena dirección. Tal cosa estaría en contra de la doxa o el sentido común, siempre y cuando no haya pasado ya a formar parte de esa minoría lastimosa que se expresa públicamente y sin pudor, hoy representada por media docena de líderes mundiales que no pienso mencionar porque todos conocen y porque cualquiera de ellos sería capaz de darme matarile por mucho menos, como antes hacía el hombre de acero, y no me refiero a Superman, sino a Iósif Vissariónovich Dzhugashbili, alias Stalin.

Si está bien o si está mal, es algo que no le pienso contestar, estamos ahora mismo en un limbo moral que nos impide saber dónde está la verdad. Lo que no le voy a negar es que soñar con vivir en una megalópolis, en donde el clima sea siempre el mismo, y tener cien metros cuadrados de pura ingeniería doméstica robótica junto con toda clase de dispositivos y gadgets de los que vuelven loca a la juventud, es un sueño compartido. Un piso en un macro de mil plantas con ascensores robotizados y vistas sobre el universo con un polvo como Jennifer Lawrence, sin mosquitos, ni enfermedades que surjan de nuestra incompatibilidad ambiental, sin depredadores que le vayan a cercenar sus partes blandas, sin esporas, ni hojas de otoño en el jardín. Vivir sin colaterales, no le voy a negar que no seríamos pocos los que votaríamos por una opción así, y que el verde lo pusiésemos, digamos, que todo junto en un mismo lugar, y hubiera menos animales sueltos y las alimañas hubiesen sido extirpadas del medio, y no se pudiese comer goma de mascar en la vía pública, como en Singapur. Le aseguro que serían muchos los que, a cambio de una realidad orgánica y visceral de origen animal o vegetal, eligiesen quedarse con los reportajes de David Attenborough y dejarlo solo a él que se ocupase de salvar el planeta entero, y nosotros verlo en el B&B y en nuestro Samsung QLED de102 pulgadas.

Sí, querida Tania, el asunto es complicado, y le confieso que, aunque parezca lo contrario, el personal se decantaría hoy por lo contrario de aquello por lo que se manifiesta, tangencialmente al menos. O mucho más sencillo aún, le daría igual, porque la verdad dígame cuantos currantes han visto alguna vez y en persona un glaciar o una ballena gris de carne y hueso, y qué relación hay entre un empleado de Starbucks y un pingüino antártico. Y que, si esto es así, lo que también es verdad es que usted está más loca que Zulma Lovatto o Brigitte Bardot, pero no mucho más que todos los demás, los ambientalistas y los conservacionistas y los doce monos juntos, los tatuados o los que nunca han escrito ni siquiera con bolígrafo en su antebrazo el nombre de sus compañeros de clase.

Y a continuación le ofrezco entre diferentes variedades de patologías habituales que suelo ver en mi profesión, algunas entre las que elegir una para usted y otra para sus amigos, tales como frustración, sublimación o identificación proyectiva. Y si no le parece mal, elija también una para sus colegas tatuados, naturalistas o no. Y otra también, pero para todos aquellos que aman la naturaleza y la actual temperatura y nivel del mar, pero tienen su piel blanca como el culo de un bebé. En cuanto a sus progenitores y al sistema de inmersión lingüística de Sain Lambert, en Quebec (circa 1962), como ya dije antes: *both, they fuck you up.* Y en cuanto a si hay mucha más gente como usted allí fuera, sí que hay y no sabe cómo rompen las bolas.

Dr. Frodo,

¿Dónde enterraría usted a la momia de Don Francisco Franco? Yo lo dejaría donde está, porque con los muertos no se juega ni los mueve uno como si nada del pozo en el que se encuentran. Y si lo sacan de su reposo le juro que sería capaz de desenterrarlo otra vez y volver a meterlo en el mismo agujero, de lo contrario puede estar seguro que su fantasma habrá de perseguirnos hasta el catre -como diría usted- y como viene haciéndolo más o menos hasta hoy. ¿Estoy jamado por eso, o es más una cuestión de devoción incondicional o debilidad por los petizos, ya sabe, los caballos de poca alza, o qué carajo es?

Twitteado por Spinoza

Loco o jamado, qué va, lo que pasa es que le falta gracia. De loco tiene usted menos gracia que madrugar en domingo. Lo suyo es mucho más un caso de fascismo inconsciente o deriva, según como se mire. Los fascistas, nomenclatura que nos remonta hasta los *fasces* romanos, están más cuerdos que la media de Registradores de la Propiedad. Los locos son los que piensan que vamos a hacer justicia con los muertos que nos han matado ya a nosotros. Justicia no hubo nunca ni la habrá, a lo sumo, romperle las bolas al dictador, por la gracias de dios, enterrándolo por segunda vez, lo que mirándolo bien es un incordio. Pero esta vez no solo, no señor, esa breva no va a caer, sino junto a la grela o naifa, junto a la señora de Meirás, y para lo que les queda de partido. Cuando al petiso orejudo lo que de verdad le hubiera gustado es estar solo solito, como les gusta a los bajitos, haciendo las cosas que hacen los pelotudos como él en el más allá y allende. Y a ser posible en el Pardo (su primera voluntad) hecho un varón y más solo que Alfred Nobel o Iñigo Errejón, que todavía no se casó, ni acometió ninguna guerra civil, pero nos vendió a todos una especie de farol. Pero si aun así quiere todavía consultar, vamos allá.

Primero, permítame que le plantee una duda que me corroe las entrañas. Tiene usted algún parentesco lejano con el filósofo neerlandés de origen sefardí, aunque la verdad... el estilo, los contenidos, ya sabe, la ausencia de la cosa racionalista, las matemáticas y la lógica, tan típicas de Baruch, no se ven por ninguna parte... no sé. O se trata más de bien de un vínculo más cercano y familiar, de una relación quizás paterno-filial con la clase de tipo fetén y proto aristocrático que sale en el *Marie Claire*, como el muy respetable Carlos Espinosa de los Monteros y bla, bla, bla, IV marqués de Valtierra (y Ex Alto Comisionado del Gobierno para la Marca España), patriarca del clan, ilustre señor al que yo una vez conocí -es un decir- (me refiero al progenitor) en una clase business de Varig y luciendo en todo el mate y sin pudor un gastado, como debe ser, sombrero Panamá, igual que en *El sastre* de John le Carré. Pregunto. O se trata quizás de algún otro ilustre miembro del mismo clan que honestamente me siento incapaz de identificar, me refiero a tíos y hermanos, porque la cosa en España y en sus colonias no más empezar siempre anduvo de aristócratas para los que trabajar era un pecado mortal, y el tiempo se les iba en rezar, intrigar y dorar la píldora al Rey.

En cualquier caso, permita que le diga Sr. Spinoza, que me da exactamente igual, siempre que no lo pongan en el jardín de mi casa y frente al ventanal, aunque en el de atrás y bajo los cipreses que tienen la sombra alargada sería cuestión de hablar, que en política todo tiene un precio. Se entiende que la familia lo quiera en todo el Valle de los Caídos y bajo ese pedazo de cruz de Diego Méndez, que es un lugar romántico fascista con setas y vistas a la AP-6 y la Carretera del Guadarrama. Supongo que, si fuera por ellos, lo pondrían bajo la cúpula de la Basílica de San Pedro, de Miguel Ángel, y a 140 metros de altura, con escalera y ascensor; o bajo la capa y con terrier escocés en el Monumento a Roosevelt, en Washington DC; o en el 55 de Central Park

West, junto a las gárgolas de *Los Cazafantasmas*
(because: *He Slimed me!*). Y puestos a pedir, por qué no
en la *Louis Vuitton Singapore Island Maison*, de Peter
Marino, o en el Apple Campus, en Cupertino, California,
para darle ese toque de hardware/software y servicios
en línea que tanta falta le hace al atávico y trasnochado
don Francisco Franco.

Pero si fuera por mí, que soy como mucho más
progresista y de izquierdas, que vetusto y de derechas,
tomaría antes un par de medidas de prevención.
Primero, comprobar si no tiene algún crimen en su
haber, que como seguro sabe, en el 2015 todos
pensábamos que el asesino era el tal Dully y no el
jardinero fiel, que con una mujer así a quién no se le va
la pinza. Y de ser un asesino múltiple, como parecen
indicar los indicios, le daría la perpetua y nada de pulpo
para Carballiño, tortilla o empanada en la fiesta de
Allariz. Y segundo, lo pondría en un ataúd de plomo,
como al conde Drácula o aquellos cuatro rusos en las
consolas del reactor nuclear número 4 de Chernóbil
justo en el momento de la fusión, para asegurarme de
una vez por todas que no salga de su jodido cajón ni un
solo átomo de mierda radiactiva, ni una sola unidad
sievert (Sv) de mala baba gallega que pueda dañar
nuestros tejidos.

En cuanto al lugar del perpetuo descanso, como ya le dije antes, me da exactamente igual. Podríamos ponerlo en el viejo cementerio del Penal de Ushuaia, en Patagonia, como al Petiso Orejudo -ocupación: asesino en serie-; en una charca pantanosa en Luisiana o en el cuarto de la plancha en Meirás, a la vista de todo el mundo, y de pie con su metro cincuenta de pura veta gallega que no sabe uno si viene o si va.

Pero si por algún motivó querríamos darle una impronta histórica al suceso y no nos viniese bien un lugar anónimo o demasiado lejano para que los devotos pudiesen disfrutar con su contemplación, podríamos pensar en alternativas más simbólicas y con mucho contenido, en algo que realce la estatura de nuestro viejo emperador hasta ponerlo al nivel de Francisco José, del Imperio Austro-Húngaro, y enterrarlo en la Cripta de los Capuchinos, en Viena; o en Asís, si buscásemos algo diferente y en la línea de San Francisco, fundador de los franciscanos y la tercera orden seglar.

Y de querer algo más anticlerical y de libre pensamiento podríamos ponerlo en un ático de lujo en Park Avenue y abrir una discoteca en el mismo lugar que se llamase: *Estábamos al borde del abismo, pero dimos un paso adelante* o *Usted haga como yo, y no se meta en política*. También se podría hablar con los rumanos y arrendarles un sótano acogedor en el Castillo de Bran, fortaleza medieval y residencia de Vlad Tepes, el Empalador, que dicho en caló y no en *vorbesti spaniola,* viene a ser lo mismo a que te den por culo a ti y a todos los rojos del lugar, propuesta que por cierto hubiera hecho las delicias de la familia, porque ya se sabe lo cortos de buen humor que van los Franco, y los rumanos no digamos. O quizás dentro de una pirámide de cara lisa, como la de Keops, Kefren o Micerino, hablar con Al-Sisi y venderle la idea que -aunque de la primera y última dinastía del Ferrol- el petizo a su manera también fue un auténtico faraón, y recordarle también a los egipcios y a la cúpula militar que la Guardia Mora del General estaba formada por musulmanes provenientes del Ejército de África, y no precisamente por las fuerzas del Arcángel Miguel, jefe del Ejército Celestial *et alii.*

Pero si quisiésemos enterrarlo en un sitio irrelevante pero incómodo a la vez, uno en donde le estarían tocando los cojones a cada rato y sin piedad, elegiría la plaza de un municipio gobernado por EH Bildu, como Galdakao o Durango, o en uno gobernado por nacionalistas catalanes, entre otras corrientes heréticas, como Iborra, Lérida o Montclar, en la comarca del Berguedà; o si al final nos decidimos por encontrar un lugar en su tierra natal, que los gallegos tenemos siempre dos o tres, la de la fiesta del percebe, la del pulpo y aquellas en donde uno nació y emigró luego, elegiría algunos bastiones del BNG como Pontevedra, Carballo o Pontearea, porque para ser uno de los pocos gallegos que se quedaron, nos salió jodido el maricón, sin ánimo de ofender, que la jerga local es cultura como sabrá usted. O quizás lo pondría en una barca sardiñeira en la ría de Ferrol, le metería fuego y lo dejaría a merced de las mareas como si fuese un guerrero vikingo de mentirijilla y un auténtico soldadito español, que allá en el Valhalla le darían una mano de ostias, *pardon my french*.

En cuanto a qué carajo le pasa a usted, psicoanalíticamente hablando, claro está, jamado ya le dije que no lo está, aunque si puede que haya sufrido un poco de radiación. Eso más la mutación genética de su padre, para que después de todos estos años siga usted dando la brasa, que tal día como hoy, Juanita Reina ya no está en los charts sino *Chicken Noodle Soup*. Así que no me deja otra alternativa que inclinarme por esa extraña devoción por los petisos que usted mismo mencionaba al principio, por los matungos de poca alza, o algo siniestro en línea con la santería, el vudú y los animales con astas, dada su afición por la caza … de perdices en Albacete, y las monterías en el Pardo y en Andújar.

Sr Frodo,

Me resulta difícil decir lo que le voy a decir públicamente, motivo por el cual voy a guardar un discreto anonimato. Mi problema radica en que me huelen los pies, o como se dice vulgarmente en venezolano, pecueca, o si le gusta más, me sube el Parmesano. Basta un paseo ligero o subir una escalera en una casa sin ascensor que los cascos se ponen a cantar (y le cuento que las pibas que me tiro viven la mayoría en propiedades sin ascensor). Me quito los borceguís y los calcetines y aquello empieza a oler como una fábrica de quesos en Reggio Emilia o Boloña. He probado a ir sin calcetines, como de la Quadra -Salcedo (descanse en paz), y no parece que sea la solución. Y eso, siento decirle, no es lo único que me huele. También me huele el aliento, un tufo como a durián (una fruta exótica del sudeste de Asia) mezclado con una suave ráfaga sulfurosa y olor a pescado. Y le digo también, que desgraciadamente el otro orificio no se queda atrás, por mucho que lo lave y lo despelleje con mi gel de baño aroma a Limpio y a jabón Marsella. El caso es que estoy un poco obsesionado con el tema, y la verdad no me siento seguro cuando tengo una cita con una mujer, cosa que para serle sincero no ocurre más de una vez al año, como Halloween, y la verdad empiezo a pensar si no será que me huelen igual de mal otras partes de mi cuerpo, si no será todo un problema de mis células madre, o si acaso tendrá alguna relación con el lugar de donde procedo, que es Málaga, y no me importa confesar.

Temo que esto se convierta en un hándicap, no solo para mi futura vida sexual, sino que se interponga ante mis deseos de establecer una relación permanente con una mujer. Ya le digo que no es un problema de higiene o educación familiar (que en casa éramos todos muy limpios, especialmente mi papá), sino que me preocupa que se trate de una emanación natural que acompaña los ritmos biomédicos en general.

Quisiera saber qué debo hacer, si la dermatología y la medicina tradicional podía ser una solución, pero ya le anticipo que mi dermatólogo no dice nada más que sandeces y creo que oculta la sospecha de que se trata de un problema de higiene personal. O si debería acudir a medicinas alternativas, como la hidroterapia o los masajes, la aromaterapia y cosas así. O incluso si puede tratarse de un problema psicológico y todo pueda arreglarse con una terapia conductista de modificación de la conducta, creo que se dice así.

XX, por email

Me pregunto, querido XX, si ha pensado alguna vez en cortárselos, los pies quiero decir, y quedarse sólo con la parte de las gambas que no huelen mal. Ha pensado quizás en dejar el sexo *tout court* de una puta vez, o practicarlo sólo con damas a las que también le huelan los pies, o para el caso cualquiera de sus otros orificios. En el que evidentemente no ha pensado es en mí. Se le ha ocurrido acaso pensar en que un tipo como yo se dedique a contestar semejantes pendejadas, un Anchorena como yo que nunca ha olido a otra cosa que a *Eternity* de Calvin Klein. Pues no. Lo mío es la práctica analítica, aunque no se lo crea, las sesiones cortas en la red, o esta especie de periodismo ultra, heterodoxo y paramédico en papel maché del que usted, créame, está empezando a hacer que me arrepienta.

Pero tranquilo Mr. Brummel o Paco Rabanne, que yo no me achico antes las dificultades, y si en algo estoy de acuerdo con usted es en que su problema no se arregla con jabón de sales del Mar Muerto ni desodorantes, aunque espero sepa lo de las bacterias y antes de escribirme haya seguido los consejos de la Boticaria García, que por cierto no hace mención alguna a otros olores igual de gravosos y descalificantes, como el del culo y los genitales, que las bacterias allí se dan el lote. Así que voy a dejar sólo momentáneamente la teoría freudiana y dedicarle unos minutos a su caso, porque la verdad está siempre en los detalles. Y si no me cree pregúnteselo a aquél polaco que hizo un documental de 1hr,15mns sobre un viento de nombre Halny en un pueblo de los Cárpatos, en las tierras altas polacas, en donde seguro hay un montón de Jakovs y Borowskis a los que les cantan los pies la Marcha de la Guardia Popular Polaca y la de la Brigada Dombrowski, pueblo en el que, dicho sea de paso, nunca habrá de encontrarme.

El caso es que sí, se enfrenta usted a un problema digno al menos de consideración, y le confieso que llevo un par de minutos pensando en él mientras escribía la anterior digresión, y la verdad es que no veo ninguna solución. Como usted ya habrá notado, la mayoría de las féminas gozan de una letal condición depredadora y no sufren precisamente de falta de olfato. Son animales extremadamente peligrosos, y tal como decía -ahora mismo no recuerdo si Bellow o Freud, ambos judíos, en cualquier caso, *they eat green salad and drink human blood*", así que no cuente con ninguna hembra del género a la que su pérfido bálsamo o hedor le vaya a pasar desapercibido.

Vayamos por partes entonces. Si se trata de un problema bacteriano o de células madre, tal y como dice usted prolíficamente, aunque yo no le daría semejante magnitud, no veo otra salida que un largo baño de pies con Peusek y quedarse descalzo en la habitación del hotel mientras llega su gato, y un buen room service a posteriori. En cuanto a los otros agujeros mencionados, digamos que un pañuelo pequeño de seda empapado en colonia Channel o en el perfume francés de su elección, y ni pensar en defecar durante las siguientes dos o tres horas, o diez minutos si lo suyo es un Simpson, y en la boca una mordaza o una pelota de goma, no sin antes hacer referencia a ciertos hábitos masoquistas perfectamente inofensivos de su persona.

Por otra parte, dudo mucho que el suyo sea un problema hereditario, en tanto y cuanto durante los cincuenta e incluso mucho antes, la condición de la mujer en la pareja no admitía controversias de esa naturaleza, y mucho menos permitía que ésta reivindicase el derecho a que su marido huela mejor y la tratase con cierta consideración. Porque el varón o el señor de la casa, en los tiempos de Caruso y después, olía como le salía del moño, y no existen documentos con los que usted pueda acreditar lo contrario. Y si se trata de sus propios padres, menos aún, porque desde el último polvo en condiciones, oloroso o no como un buen jerez, por lo menos han pasado dos grandes guerras, una fisión nuclear y la subida de la temperatura media anual en un par de grados o casi.

Y si se trata, en cambio, de un simple daño colateral de lo que usted llama, por algún motivo desconocido, sus ritmos biomédicos, me inclinaría por algo parecido, pero no exactamente igual, algo que podríamos llamar su singular naturaleza hormonal y peculiar metabolismo, más cerca del de la chinche o la vaca corriente, que el de un menda, presumo que con estudios superiores y una correcta inserción social. Pero de ser así, me temo que la única solución, como le aconsejaba al empezar, es una cirugía de amputación o retirada parcial con previsión de una larga extremidad residual, y una bolsa recolectora de alta resistencia, y por supuesto que no abriese la boca nunca más y respirase por la nariz.

Terapias conductistas, supongo que las hay, pero ya le digo que no son mi campo, y más que con la solución del problema tiene que ver con su sustitución. Y todas pasan, como también decía al principio, por la completa *annihilation* o aniquilación del sexo compartido por una mucho más relajada y aislada masturbación personal, o por un sexo mediático que practique usted con quien quiera, pero siempre a través de un dispositivo digital y una aplicación como *what's up*, video llamadas, o si es usted del tipo imaginario fotográfico, a través de vídeos o imágenes obscenas en Instagram. El yoga o el monacato budista en un paisaje idílico, a ser posible en la costa oeste o en los bosques del Estado de Nueva York, el sexo tántrico o el de los Testigos de Jehová, que en un Bethel no huele a nada salvo a morcillas sin sangre Villada, y las corbatas y camisas de manga corta y una rabiosa pulcritud son para ellos las bases de la civilización humana, podrían ser también quizás una solución factible, pero ya le digo que tengo serias dudas al respecto.

Aunque mi consejo personal, y si no lo convencen las sectas contemplativas o seudo religiosas, la automutilación o la opción más radical que es renunciar al sexo en cualquiera de sus formas, incluidas las practicas bestialitas, que su perro no tiene culpa de nada, junto con la decisión de renunciar a cualquier otra pretensión de socializar sea con intenciones sexuales o de cualquier otra clase, déjeme decirle que le queda sólo una opción. ¿Qué cuál es? Cuelgue usted en la red, en cualquier página de contactos que no se ande con boludeces, un aviso que si le parece pueda redactar en los siguientes términos *: buscase compañera para juegos eróticos convencionales, sin límite de edad, peso, atractivos personales o cualquier otra disfunción,* *siempre y cuando despida un fuerte olor corporal desde sus agujeros sensibles y extremidades, una compañera de por vida con la que buscar el perfecto equilibrio olfativo y una simbiosis aromática de la que disfrutar, porque… stars are made of heated gas. Escribir a Mr Smellgood.* Y no se preocupe por nada que en la web están todos, los que huelen mal y los otros.

Dr. Frodo,

Soy una mujer joven, morena, entre cuarenta y cincuenta, quiero pensar que bastante atractiva (no me faltan los babosos que van detrás de mí, especialmente en la oficina), puedo presumir de muslos y tetas pequeñas pero interesantes, y sufro el mismo problema degradante que su analizante anterior, aunque no se trata exactamente de los pies, que incluso pienso sería peor tratándose de una mujer. Ha habido de todo en mi vida. Tipos que han salido del cuarto con una disculpa absurda, como que se han olvidado de ponerle el pienso de cordero y arroz a su yorkshire, y otros que se han quedado tiesos como un fiambre en la cama pensando que estaban siendo agredidos con un arma biológica gender tender, ya sabe. Los peores son los chicos jóvenes y en forma (que son, por cierto, mis preferidos) y capaces de decirte auténticas barbaridades en la cara, del tipo te canta el alerón o si has comido sashimi para cenar o, directamente, te huele el chocho a salmón a punto de desovar. No sé qué hacer Doctor. Y estoy convencida que no soy la única, que Lady G. o PR., y tantas otras la pasan mal a pesar de sus estándares, y que somos muchas las que sufrimos del mismo trastorno, no importa lo bien que cantes o lo buena que estés. Me gustaría leer sus comentarios por muy dolorosos y repugnantes que puedan ser, que ya me han hablado mucho y muy mal de usted. Por cierto, yo también he decidido salvaguardar mi identidad, en aras de proteger tanto mi presente como futura vida sexual, y conservar el anonimato.

XX, por email

Deduzco que lo que quiere decirme no es exactamente que no le huelen los pies, lo que es un privilegio del que me imagino no se puede quejar. Y resulta evidente que ese inconveniente aroma que todo hombre o mujer ha padecido alguna vez procede exclusivamente de su estrecho agujero del placer. No parece sin embargo preocupada por el olor que pueda despedir su otro agujero negociable, y que según cómo y quién, está excluido del intercambio sexual políticamente correcto, y es visto la mayoría de las veces, salvo quizás en ciertas culturas de América del Sur, como una extravagancia perversa fuertemente sancionada por la ley. Motivo por el cual, y si a usted le parece bien, entre otras cosas porque es un tema sobre el cual a las mujeres no les gusta elaborar, lo dejaremos así y mantengamos a falta de comentarios una sutil discreción.

Entonces, si lo que le huele es el chocho, the rose o maguey o *the queen of holes*, y se trata -por propia experiencia diría que sí- de algo parecido a los efluvios del pescado en salazón y a la suave fragancia funeraria que despide el cadáver de un ratón, yo le daría, querida amiga, los mismos consejos que al analizante anterior: higiene, pulcritud, asepsia o profilaxis y un par de Aves Marías antes de entrar a la lid. Y por supuesto excluyo cualquier posibilidad de ablación (del clítoris), entre otras cosas no sólo porque es un delirio somalí y del África Central que viene por lo visto de los tiempos en *que Agar mutiló a no sé quién y Alá le dijo que se circuncidara ella también,* sino porque es uno de los peores ritos de iniciación y ejercicio brutal del imaginario masculino sobre la mujer, y porque no resuelve el problema, sino que crea otro peor. Y le digo lo mismo en relación a cualquier otra medida quirúrgica que contemple impunemente la completa desaparición, total extracción o reducción de los labios vaginales a la mínima expresión, o el uso de soluciones alcalinas de origen desconocido en un lugar de tan dulce y acogedora naturaleza y de la más absoluta serenidad.

Para empezar, le diría que siga los consejos generales que pasan por una buena higiene y unos hábitos regulares de desodorización, incluido el uso de perfumes y desodorantes íntimos de la familia de *La Perla* o *Agent Provocateur,* o si quiere un recurso más económico, un ambientador de frutos rojos en la habitación. También tiene la posibilidad de hacerlo de espaldas, sin quitarse la ropa y manteniendo al cuerpo del delito lejos de las narices de su interlocutor, o de hacerlo muy rápido y de pie y sin pensar en quitarse las bombachas, con la espalda apoyada en la pared, y él haciéndole la sillita con sus fuertes brazos y a kilómetros de distancia del dormitorio o del sofá. En una situación así, y con el tarugo sosteniendo con sus bracitos de chicha y nabo esos sesenta kilos en canal, le aseguro que estará impaciente por terminar y no se parará a oler nada, ni a su toto o parrús, ni a un tiburón en conserva o al pobre concejo de Cabrales al que Trumpo quiere liquidar.

Claro que, y tal como le dije a su colega del Club de los *Smelly douche bags*, tiene a su alcance toda clase de soluciones radicales y siendo usted mujer le diría que incluso más. Así que si excluimos la *annihilation* o aniquilación, como en el caso anterior, o el abandono completo de toda actividad sexual, excluidas las prácticas paranormales que contengan la posibilidad de formar parte de un club de abstemias o adoradoras de la virginidad, y para el caso conozco sólo la vocación religiosa y el matrimonio con Dios que, según dicen, tiene pocas exigencias en materia sexual y el señor

estaría la mar de contento con que se pusiera usted de
rodillas y sin nada que llevarse a la boca, le quedan aún
algunas alternativas originales, me atrevo a decir,
dignas de contemplar.

Podría mudarse, por ejemplo, y establecer residencia
en Islandia, donde el sexo está al alcance de todos y
tiene la enorme ventaja de que el consumo del bacalao
fresco o en salazón es una costumbre nacional, sumado
al simple hecho de que en temperaturas bajo cero los
efluvios tienden a remitir. O puede elegir un lugar más
cercano, como Francia y el mismo París, en donde es
bien sabido existe una postura muy relajada en relación
a la sensibilidad olfativa durante la cópula, y según
cuenta la leyenda sólo se duchan una vez a la semana, al
tiempo de que también se les atribuye a los parisinos
cierto esnobismo fétido y una propensión natural a los
efluvios erráticos durante la cohabitación,
especialmente aquellos que proceden de los genitales
femeninos (para él) o el de las axilas y el sudor en
general (para ellas).

Las culturas interraciales también pueden ser un
buen lugar donde residir. Allí, al parecer, ellos y ellas
están acostumbrados a una amplia variedad de olores
corporales de muy diversa índole. Tampoco habría
problema alguno si usted fuese digamos suiza, de

Frauenfeld, Turgovia, o de Zug, en la Confederación Helvética, y formara pareja con un masái, por ejemplo, de Tanzania. O si fuese holandesa y mostrase una completa desafección e indiferencia en cuanto a con quien se lo hace. Eso sí, le aconsejo que se mantenga alejada de culturas blancas supremacistas que, aunque guarros ellos también, me abstengo de mencionar por no herir susceptibilidades locales. Y tampoco se le ocurra pensar jamás en el sur, en Brasil, por ejemplo, porque allí, la gente, aunque olorosos también, se duchan en agua fría dos y a veces tres veces al día y tienen una curiosa relación patológica con la higiene obsesiva de naturaleza viral, lo mismo que con el culto al cuerpo.

También le digo que un pueblo de Jerez con jamelgos, o de Granada o Jaén, en donde abundan las granjas de engorde, podría servir, o uno catalán del Vallés occidental o de la Cerdaña, cualquier lugar en donde los hombres estén acostumbrados a los fertilizantes de naturaleza animal, la bosta de caballo y el estiércol de cerdo en especial, o un pueblo gallego también, en Lugo, en donde gustan de dormir con las rubias y las frisonas en el zaguán, que, por si no lo sabía, dicen que las vacas son los animales que despiden el peor hedor.

En cualquier caso, debería tener presente que la genitalidad compartida no es el único sexo que se nos permite practicar, también puede mirar un campeonato de natación, un partido de fútbol o la final de la Rugby World Cup en la TV, Sexo en Nueva York o cualquiera de los provocadores desnudos de sus colegas de género que tanto abundan por ahí, y trabajar aquello con el dedo índice o el corazón, y no tener que aguantar a ningún pelotudo en plena juventud o un varoncito corto o anchorena que haga comentarios ofensivos sobre su personalidad aromática, por decirlo así. Y no se preocupe por nada, querida XX, porque si está usted buena, le garantizo que cualquier hombre de verdad estaría más que dispuesto a dejar de respirar por echarse un flete.

Claro que sí. Se los haré llegar, como dice usted elocuentemente, hasta Los Santos, Zafra o el Palomar de las Navas, o dondequiera que resida, no uno sino tres consejos. Y no son precisamente míos sino de un colega que falleció hace ya unos años, y que en pocas palabras podrían decir algo así:

No se ande con chiquitas, no atempere, no se esconda bajo las sábanas, no ande con mariconadas, y que a sus padres les den por donde no da el sol, que los únicos buenos progenitores son los que alimentan la auténtica vocación de sus hijos. Claro que, si no es auténtica, yo personalmente me inclinaría por la vaca ñata o la holando-argentina. Y, por cierto, si de verdad usted detecta el sarcasmo con esa prodigiosa habilidad y anticipación (y esto se llama ironía, figura retórica del griego que consiste en decir lo contrario de lo que parece), le diría que los mejores pastos están en Galicia y en el País Vasco, o Euskadi, como dicen ellos. Pero, volviendo al tema y al consejo que le mencionaba, tírese usted de cabeza o de espaldas si quiere, no se me quede en el rincón apretando el agujero del culo, suéltese, *be rude & funny* y quédese al loro a ver qué pasa con la peña. Si el potencial lector se queda mirando aquello con cara de agradable desconcierto o sesenta y uno, como la de Larry y Sergey con el algoritmo de Google, si pierde la compostura o no se comporta como es habitual en ella, o si acaso percibe unas gotitas de sudor en la línea del pelo, es que va por buen camino.

No obstante, puede que a él o a ellos no les guste, y se vaya por tabas o le coma la oreja, tranquilo, da igual, relájese, porque usted ha entrado ya, y el resto es seguir dándole a aquello hasta en el DNI, una mano de hostias. Con dos o tres horas al día bastará, llueve o truene, haga sol o se muera el yorki de mi analizante anterior, o incluso después del tanatorio el día de la verdad. Aunque no tiene que esperar a que sus padres mueran para convertirse en autor (es curioso los pocos sinónimos que hay para escritor, señal inequívoca de lo poco que nos tienen -y lo tendrán- en cuenta). Y, por cierto, tome carrerilla, aunque haya escuchado antes lo contrario, *speed up*, que como cualquier sabe, un escritor lento no es un escritor

Otro, consejo quiero decir. Ignoro cuál es ahora mismo su situación, pero si me hiciese llegar unas cuantas líneas, no más de veinte o treinta por favor, le podré hacer un diagnóstico ajustado a la realidad e incluso una pequeña predicción de su futuro en este oficio de tinieblas. Eso sí, independientemente del hecho que alguien se vaya a interesar por usted, porque el personal no tiene hoy ni puta idea de qué carajo leer, y los que sí saben no se lo preguntan a nadie ni siguen los consejos de Jeff Bezos y el *From A to Z* de Amazon, que a usted tanto le gusta, sino que termina como siempre con los rusos o los judíos o con un par de ganadores de los cien lisos que andan siempre por ahí, porque también hay vida inteligente en Internet. Pero antes que nada debería saber que: *genius & talent (come's with you)* y el resto es técnica, fruto del trabajo de muchos años y una constancia obsesiva, igual que si estuviese colgando con los cuatro dedos de un mano de una pared vertical.

Y el último, pero no el peor, sepa que los auténticos escritores, los que tienen el culo pelado de escribir, salvo que escriban de pie, *don`t go to the shrink*. Y aún le diría más, le diría que si quiere ser escritor don`t ever do it, I mean, *go to the shrink*, ni a clases de escritura creativa, sino que, a lo sumo, y en el peor de los casos y si la paga es buena, impártalas usted mismo.

O -y ésta es de yapa y de mi recetario personal-, si se siente muy seguro de sí mismo, como Conrad o Vladimir Nabokov, por ejemplo, cambie de lengua, me refiero a que cambie al inglés, y como le dije a la analizante anterior, si no recuerdo mal, *get grammary.com*. Pero no haga lo mismo que Héctor Bianciotti o Cioran y se pase al francés, que para escribir en francés hay que nacer con él puesto.

Ah, se me olvidaba, olvídese de perder el tiempo armándose un tabaco o pensando boludeces en el sillón, no se me apoltrone ni se quede mirando la puesta de sol, *speed up (it`s all about speeding up)*, que escribir no es de otarios, no es ninguna mandanga, es un acto de insubordinación, contra esto y lo otro y todo lo demás, y si no puede dedíquese a otra cosa, si la cría de bovinos no aparece en su manual de instrucciones.

Dr. Frodo,

Don`t you think we need to go back to that oldy that someone called a biomedical visión (the nazism) against the cancer of jewishness, and applied just the same against politicians, nationalistics and none, all the same, not excluding gender militants and xenophobs with low IQ, civil servants and brexitonics too.

Paul (Pablito), from Puerto Rico

Querido Pablito, parece que está teniendo problemas con su inglés. Pero de todos modos le entiendo, entiendo lo que me quiere decir, aunque creo que no estaría de más que se lo hiciese ver. Un par de clases de gramática para empezar y algo de vocabulario y léxico del Harlem español, el East Harlem, y no sé por qué me da la impresión que unas clases de fonética tampoco le vendrían mal.

Imagino que sigue en Puerto Rico por el único motivo de que no se ha podido largar, y que semejante situación, su desprecio por los funcionarios en general y en especial por los del Servicio de Ciudadanía e Inmigración de los Estados Unidos o USCIS, le quita el sueño.

Le aseguro que no tiene nada de extraño, viviendo en un estado libre asociado con su propio autogobierno pero parte del imperio, qué puñetas habrá de quedarse haciendo usted en esa mierda de isla, sin ánimo de ofender, comiendo mofondo y arroz con gandules y dándose baños en la playa de San Juan, pudiendo tomarse los vientos e instalarse en el Bajo, Brooklyn o en el Bronx, y convertirse en un buen *stateside puertorican* o *nuyorican*, y no tener que aguantar ni uno más de esos viejos solos para contrabajo de Pau Casals. Es cierto que en el continente no bailan igual de bien la salsa o el reggaetón, pero también eso tiene su lado bueno, y ya le digo que basta con un par de pasos de un auténtico puertorican pal para que las gringas se pongan rampletas.

Pero volviendo a su consulta, deje que le diga que me temo que no, que ninguna alteración en la divisa genética pueda modificar la conducta trófica habitual de los políticos. Tampoco me sentiría inclinado a pensar que las militantes de género y los xenófobos puedan ser incluidos en una categoría igual. Los nazis tenían una idea neurótica y profiláctica del judaísmo, y un problema con la economía de mercado en tiempos de la crisis financiera de Weimar, y en general con el Parlamento alemán, que en ningún caso tiene que ver con la política en general.

Pero me temo que no estoy siendo lo suficientemente claro. Es evidente que matar a los judíos no arregla el problema de la gestión del dinero y la especulación, o que ninguna dieta halal pueda convertirse en una amenaza contra los regímenes antisemitas. Lo mismo podría decirse de los políticos como organismo complejo o entidad, entre otras cosas porque la clase política no está hecha solo de judíos o *wasps*, sino de buenos socialistas progresistas y ciudadanos de derecha de corte liberal. Matar a los políticos y hacer con ellos útiles escolares, material de clase o pantallas de piel para el salón, no va a arreglar el problema de que estemos mal administrados y/o gestionados, o como le guste más. Alternativamente, intervenir su código genético podría producir una alteración significativa o introducir daños colaterales de segunda generación, y al final en lugar de lidiar con ciudadanos normales, nos habríamos de quedar con una pequeña legión de superhéroes antisociales adictos al alcohol, como en *Jessica Jones*, que en el fondo no quieran otra cosa que ajustar cuentas y hacer el bien protegiendo de los malos al resto de la humanidad. Lo que no estaría necesariamente mal, pero deberíamos tener siempre la precaución de que tal alteración genética de conveniencia se aplicase sólo entre políticos liberales y socialdemócratas, y en ningún caso entre reaccionarios y conservadores *wasps*, republicanos de corte protestante o nacionalistas pequeño burgueses.

Por lo que deduzco que bien, adelante, Pablo (lo de Pablito me resulta demasiado condescendiente), con su medicina de intervención y visión biomédica de la situación, pero tenga cuidado de cómo y con quién. Porque los judíos no tienen culpa de nada, salvo de aumentar potencialmente nuestro IQ y para algunos su renta personal, la introducción del kosher, Facebook, The New York Times, el Pato Donald, el psicoanálisis, la teoría marxista, Mel Brooks, Scarlett Johansson, Harrison Ford y la relatividad general… sólo para empezar. Tampoco las mujeres pueden ser involucradas y expuestas a ninguna experimentación, porque el feminismo en su misma naturaleza ya es un caso de alteración de la realidad social y una visión biomédica completamente diferente de la sociedad, y una especie de ajuste de los polos de gravedad o alteración del eje de rotación social, y ellas solas encontrarán los pros y los contras de esta modificación, sea médica o no.

Lo mismo pasa con los nacionalistas radicales pequeño burgueses, el funcionariado nacionalista en general y el sector agrícola, que a través de una excesiva introversión identitaria y posible aberración, han conseguido ya toda la basura biomédica que se le pueda pedir a una simple ideología de transición, que si no muy seria es perfectamente compatible con un trastorno de la cadena genética de la nacionalidad, sin necesidad de intervención médica alguna, ni drogas o investigación científica o seudo de ninguna clase.

Me imagino que puede ser difícil de entender, pero permítame que a título de conclusión comparta con usted unas cuantas premisas: la primera, olvídese de la vieja medicina nazi, ese oldy, como dice usted, que no hizo ningún bien, en el mejor de los casos provocar la emigración de un montón de energúmenos alemanes a la región de Valdivia y Osorno, en Chile, y a la provincia argentina, en donde pasaron del eisbein y la kartoffelsuppe al tinto de damajuana y al asado de tira y fueron absorbidos por la poderosa fuerza gravitatoria de la idiosincrasia local; la segunda, que los políticos y otras especies de la misma familia son por lo general inmunes a cualquier alteración cromosómica o pinchazo en los genes blandos de su cadena, lo mismo que los capitalistas, los xenófobos y nacionalistas excluyentes, que son los únicos que hay; y tercera que los buenos socialistas y liberales demócratas probablemente no merezcan ninguna modificación genética que altere su funcionamiento normal, salvo quizás un apoyo organizado desde la sociedad, y no precisamente médica, sino laboral y del proletariado internacional, como se decía antes; y cuarta, que los brexitonics y los gender benders, los radicales del género o los viejos xenófobos con low IQ, son un auténtico mal, como la gripe o las enfermedades infectocontagiosas, y en última instancia la única actuación que podríamos practicar es una intervención paliativa sobre los síntomas.

Querido Pablo, por si no lo sabía o no se había percatado aún, el mundo entero está enfermo, salvo quizás los mismos detractores de esa visión biomédica de la sociedad que usted pregona sin pensarlo mucho, como resultado quizás de la serie de J.J, los genetistas del IGH y Marvel comics, la medicina toda y ellos también lo están por extensión, en aras del beneficio y los intereses de los mismos laboratorios que la financian. Así que mejor calladitos y en el molde, que tal como está el patio, mejor nos quedamos como estamos.

Dr. Frodo,

Sex & insexatez, y amor delicado como con Tom Jobim. Vivo en Rio, y quizás usted no lo sepa, pero el sexo es aquí un valor de cambio vinculado a todos los aspectos de la vida, una especie de obsesión, como el carnaval y hacer gimnasia en la playa. Soy un tipo maduro, y recuerdo con nostalgia los tiempos en que no paraba de foder, como dicen los cariocas, sin embargo, ahora me da por la Bossa, por aquello de ... nao gusto di Praia, nao vou a Ipanema... de Chico Buarque, si no recuerdo mal. Me podría decir si después de cierta edad deberíamos olvidarnos del sexo y dedicarnos más a la jardinería, a beber, a la cría de aves en cautividad o a la exterminación de la cotorra argentina, o por el contrario seguir en el tajo con setenta y pico u ochenta, aunque de una forma adulterada y senil de haz los que puedas con tu piroca o con lo que tengas a mano, Cialis 20 o Viagra. Se imagina usted a Lula haciendo el pino o el 69 en Copa, o armado con un masajeador portátil de 10 frecuencias. ¿Tiene todo esto algo que ver con eso de "Más allá del principio del placer", del que habla su maestro?

Don José, Rio, ¡por carta manuscrita!

Debería saber, antes de empezar, que a mí siempre me ha gustado la bossa, Chico, Tom, Vinícius, Dorival... y todos los aparceros, y que he tenido con ella (y con la MPB) un vínculo estrecho y muy personal. Pero dicho esto, entiendo que lo que usted me pregunta es si el sexo entre jovatos es una actividad saludable y un ejercicio de los derechos del ciudadano de avanzada edad, como se venía diciendo hasta hoy, o si por el contrario es algo patético y perejil, como hacer fierros con ochenta abriles junto a la estatua de Caymmi o la Peixaria Z13 en la playa de Copacabana, o si se trata simplemente de una patología cualquiera.

Me la pone usted fácil, Don José, yo le diría que sí puede, y especialmente si tiene con quien, de ser así, leña al mono, pero sepa que lo suyo no es necesariamente una actividad sexual sino una especie de *innuendo*, una oblicua alusión. Y sepa también que la abuela ya no está para esos trotes, ni para hacer el pino con setenta kilos sin escarpas, no digamos el 69, que, sin que usted se diese cuenta, podría convertirse en una muerte rápida por asfixia, insuficiencia respiratoria o aplastamiento mortal, o en una tortura medieval. Y ya le digo que si Lula -o su tocayo Sarney- lo hacen, le garantizo que no es con la parienta, sino con una *gatinha* local, que de esas hay a saco en Brasil, y no sólo en la playa sino en telos como Encontros, Meu Cantinho o Primor, si el inculpado estuviese en Rio, o en uno como Acqua o Você, si se encontrase en Curitiba, en el estado de Paraná. Aunque ignoro si en la tumba o carne (cárcel) se puede ejercer.

Pero una cosa es la teoría y otra la praxis, por lo que en una versión inmediatamente revisada de la anterior yo le diría: mejor olvídese del sexo, José, que después de cierta edad no es como antes, no es soplar y hacer botellas, no es como aquél viejo sueño de juventud, sino más bien como una diálisis, una cura o que le pongan ventosas sin saber para qué, es como meter un gol con la izquierda cuando la diabetes lo ha dejado en una silla con motor, o meterla de cabeza y despertarse después.

Ser viejo y querer cepillarse a una piba de tercero o cuarto de ESO es como tirarse al monte, es como arrastrarse por la montaña como el Gollum sin una mierda de *lemba* y hacerse a medida un caso de abuso a menores y estupro perfectamente ilegal. Ser jovata y lambón, utilizar las manos o cualquier parte de su cuerpo que todavía conserve una precaria motricidad es ramplón y de muy mal gusto, se trate de una jovencita o de una jovata como usted. Las mujeres, deje que le diga, merecen algo mejor. Usted no pueda darle ya nada de lo que ellas desean, salvo quizás la oportunidad de practicar un acto de beneficencia o caridad, o entrar en una ONG que todavía no ha sido fundada. No tiene usted

ni el aspecto ni la posición social, por no tener no tiene
ni la polenta ni una erección de verdad, sino una bolsa
enorme de frustración, así que lo mejor que puede
hacer, hablando de bolsas, es sacar la suya de la basura
entre las ocho y las diez, y luego sentarse a ver un
episodio del *Comisario Montalbano*, y que Andrea
Camilleri descanse en paz.

Y tenga en cuenta que mejor sexo pasado que el que
pueda tener ahora, mejor aquellos fuegos artificiales
que la candela de hoy, aunque se lleve con usted una
caja entera de rueditas azules. El sexo de viejo es como
hacerse un Abraham Simpson, es como cien
abdominales después de una *feijoada* de domingo con
frijoles negros y carne de cerdo en salazón, es como
montar a caballo y marcarse una galopada en el campo
cuando lleva años sin ver de cerca una potranca de
quince de largas crines. Y lo peor de todo es que las
mujeres que usted desea no se lo van precisamente a
agradecer.

Basta con que se mire al espejo una sola vez, de
frente y de cuerpo entero, y ahora dígame qué ve. Un
cocoliche, un mamarracho, eso es lo que ve, veinte kilos
de más en el pecho, la falda y el costillar, y más de lo
mismo en el lomo alto y en los cuartos traseros, y algo
que cuelga a dos velas en el pescuezo y en la papada,

poco pelo, salvo que se haya practicado a destiempo uno de esos penosos implantes de folículos capilares laterales y de atrás en la parte superior de la cabeza, o tenga la suerte de pertenecer a una especie privilegiada como la vaca peluda o el caballo percherón, sobre unas piernas delgadas y atróficas o unos morcillos con los que aplastar a una pobre piba de 50 ks, y un rabo o rata que no le voy a negar conserva cierto remoto parecido con el viejo compañero de su juventud, o si viene bien dada una buena tranca de color marrón con aspecto de yame o banano viejo podrido. Y ahora dígame, después de una ligera reflexión, si con esa pinta piensa usted romperle el corazón a cualquier fémina inadvertida que se acerque a menos de diez metros de semejante despropósito de diseño corporal. Dígame con sinceridad si piensa impresionar a alguien con ese cachivache de cuerpo y lamentable estado de desafección, por mucho que le dé a su gato un *headstart* o un *hand job,* y se meta usted en faena mucho después. Dígame si con ese look de Lezama, Alexandre Dumas u Honoré de Balzac, va a conseguir producir todo el azúcar que el género femenino necesita.

Sex is selfish, ya sabe, Don José, tanto en el hombre como en la mujer, y no hay nada que pueda hacer al respecto salvo una retirada a tiempo y con dignidad. Y ya le digo que algunos lo hacen, quiero decir largarse y plantar un montón de azaleas en el jardín, o comprase un perro faldero pequeño y cordial, un *comforter* como el Norwich o el Bichon, con el que salir a pasear, porque ese fitito será el único que se siente en su regazo y le dé un poco de calor.

Otros se rajan más tarde, sólo después de una serie de actos fallidos, un disparo en la mano o varios gatillazos que los habrá dejado sintiéndose peor que un sillón viejo de Mobles Pir o Payrós. Dirá que soy un agorero, un nihilista de mierda, pero deme usted un voto de confianza y sepa que hay un momento para todo, y éste, el suyo de ahora mismo, no es el mejor para echarse un casquete. Y por si las moscas o por si creía lo contrario, déjeme que le advierta que el sexo no da la felicidad, sino una especie de satisfacción animal y poca o ninguna contradicción como suele ser habitual. Y es mucho mejor a su provecta edad poder hablar tranqui con la señora sin que se le resbale la prótesis del paladar, y sin sentir que la misma piba con la que se casó hace el disparate de sesenta años es la misma que hoy le clavaría una espada cruciforme en todo el morrillo. Y a Freud, por cierto, déjelo estar, que ese y otros pichalocas de la profesión, que me abstengo de mencionar, se fueron sin confesar.

Sr Frodo,

Me he echado un novio intelectual, y es de origen argentino, y esos chicos cuando quieren hacer un disco hacen uno como "El salmón", de Calamaro, con cincuenta temas. El primero que tuve trabajaba en una empresa de transporte al principio y luego de administrativo sin plaza en el Ayuntamiento. No le interesaban los libros ni el cine independiente y se pasaba el día leyendo la prensa deportiva, cosas como Marca o el As. También le gustaba Call of Duty, Sniper, y jugar al ping pong. El nuevo en cambio se interesa por la política y le gusta leer, libros quiero decir. También le gusta escribir, y cuando le hablo de fútbol, no digamos de pingpong, se echa a reír. La verdad no sé qué hacer, debería hacerme la tonta y mantener un perfil bajo, como dice mis amigas, o tendré que ponerme a leer y llevar un diario, por ejemplo, y de ser así por dónde debería empezar, por los clásicos españoles o por algo diferente, quiero decir por los rusos o los franceses, y si me recomienda empezar con una prosa sencilla o algo más Oc y elaborado.

Sonia, Lérida

Sonia, ya le digo que no se si alegrarme o ponerme triste por usted. Ignoro si el primero era mejor, o el segundo es el que le va a tocar si lleva un décimo. Es cierto que faltan datos, cosas de tipo especulativo como qué tal era en el pasado su vida sexual, si entonces era mejor que ahora, o si era el primero el que calzaba un 44, o el auténtico grandullón es el que tiene ahora, que con los intelectuales uno no se puede fiar. Pero teniendo en cuenta que el primero ya no está, a su lado quiero decir, y probablemente lo que esté haciendo es huevo en la mesita de su Ayuntamiento, que según cómo es el centro, ortocentro o baricentro que rige su triste destino, y mirándolo el orto a la funcionaria del despacho de al lado, cada vez que se levanta de la mesa a hacerle un feca al alcalde, que seguro no pierde ripio él también y tiene la vista clavada en el mismo lugar que su ex. En cualquier caso -y esto no es más que una opinión personal- un menda que solo lee el Mundo y el As y reparte su tiempo libre, no entre los rusos y los franceses o los clásicos españoles, sino entre *Call of Duty*, *Modern Warfare* 2 y el ping pong, es peor que Fran Perea dando clases de mates.

Por lo que, igual que dos más dos son cuatro, ese *moron* ya no forma parte de su vida actual, y lo que tiene entre manos ahora es ese pequeño marchador y pseudo intelectual argenta que, por si no lo sabía, de donde ese viene hay muchos más, más que clavos en una ferretería, pero que este es sólo para usted. Me dice que el imputado lee y le gusta escribir, y que lo mismo que tantos otros pelotudos, milita en las cuestiones que hoy son de rigor como la lucha contra el CC, la gestión del dinero público, e igual de baladís *and preposterous* que la traducción simultánea del español al catalán. Y eso no está mal *per se*, lo que no me dice es si el susodicho trabaja o espera sencillamente a hacerse con el Premio Formentor o el Planeta, que eso de planchar el culo en un despacho cualquiera no está a la altura de un argenta que lo mismo maneja la pluma o *Word* que las boleadoras y el bandoneón. Tampoco me dice si tiene la llave de casa, porque no me cabe duda que la propiedad o alquiler del piso que ambos habrán de usufructuar es una responsabilidad que recae o habrá de recaer sobre usted exclusivamente, y por el mismo motivo no piensa trabajar en un lugar corriente y vulgar que reduzca el tiempo que pueda dedicar a la escritura de la que imagino es todavía su opera prima y quizás la última.

No dudo, a pesar de todo, que el tal argenta sea un buen tipo, ni tampoco que vaya a cocinar para usted. No tengo sin embargo tan claro que pase la escoba o la aspiradora, salvo que se trate de un *Roomba 981*, que los intelectuales, salvo quizá el mismo Muñoz Molina, muchos gustan de hacer ellos mismos las tareas domésticas en sus ratos de descanso, y esto dicho por él mismo, aunque años antes de que se hiciera con la dirección del Instituto Cervantes en Nueva York, y luego con el sillón *u* minúscula de la Academia, aunque hoy no lave un plato *aunque el mundo se venga abajo*, que por cierto, es una lírica de *Cumbia Ninja*, y ya sabemos lo que les gusta el léxico a los académicos. De ser así, le toca usted evaluar qué es lo que le interesa más.

En cuanto a qué debería hacer en el futuro para conservar su relación, si mantener un perfil bajo y hacerse la boluda, asunto que sin lugar a dudas es una incredulidad y atenta directamente contra su propia imagen y dignidad personal, sin mencionar que habrá de caer inevitablemente un par de enteros ante los ojos de él. Si hiciese lo contrario, me temo que sería incluso peor, porque leer libros, quiero decir en contra de su voluntad, no resuelve problema ninguno, sino que, en el mejor de los casos, crea otros diferentes y muchos más. Pero si insiste en ilustrarse, yo empezaría por los rusos, sin ninguna clase de dudas, y me dedicaría un poco a los franceses después, pero sólo por una cuestión de estilo y acorde con el *imago oloreuse* de un Vieux Boulogne o Chanel que suelen producir los gabachos a la hora de narrar. Otra cosa sería que usted se interesase por el estructuralismo, o el esquizoanálisis de Félix, Guattari que no Rodríguez de la Fuente, que, en cualquier caso, ninguno de los dos se plantea ningún problema en relación con el matrimonio y la pareja en general, y por lo general optan por una disrupción puramente intelectual y poco o nada sentimental, paranoica u homosexual, motivo por el cual le garantizo que no encontrará usted ningún apoyo en el viejo pensamiento abstracto. Y en cuanto a la narrativa contemporánea de los franceses, como ya le dije, mejor ni hablar, que al final quizás sea mejor que se busque usted también una mesita municipal, como la de su pareja anterior. Para el final, después de los rusos y los franchutes, mejor quedarse con los americanos, judíos claro está, que saben un montón de estas cosas y tienen sobre el asunto una actitud muy suya y una habilidad natural para divorciarse y volver a casarse, y no para resolver problema alguno, sino para mantener una distancia inteligente con el problema de los géneros en general y el futuro de la institución que los una para siempre hasta que sólo la muerte los separe.

En cuanto a ponerse usted a escribir, ya le digo que, si no tiene ganas de verdad, le aseguro que el resultado que salga de semejante aberración en el caso de hacerlo, no la va a poner contenta a usted y menos aún al argenta que en su condición de escritor y de género masculino no va a permitir que su percanta se suba al podio ni siquiera en la tercera posición. Y para su información le diré que las parejas de escritores pocas veces han tenido un final feliz, y más de una vez han terminado peor que un guion de Nic, Pizzolatto, con dos partenaires, un mismo abogado y un convenio regulador dándose de ostias en el Juzgado competente.

Pero si aun así decide escribir, le recomiendo que se olvide de Guattari o Deleuze, y no le recomiendo para nada al cenizo de Houellebecq, y menos aún nada en la línea en de los Escritos de Lacan, o nada longevo o perdurable, por no decir infinito, como el *Infinite Jest* de Wallace, sino que sería preferible algo más bien breve como *El Principito* o *Platero y yo*, con una linda fuente y tipos del 18. Y si se trata de un Diario, quizás sea mucho mejor aún, porque al personal le encanta fisgar y meter la nariz donde nadie lo llama. Y sepa que en beneficio de esa inocente perversión con la que usted les va a regalar los oídos, sus lectores serán mucho más tolerantes en materia de semántica, adjetivos y adverbios de modo, ni mirarán mucho el estilo, sino, por ejemplo, en si usted lleva bragas o no cuando declara en una comisaría local, sus manías personales y en si le hace usted al dorima su tortilla de patatas, su asado de tira y chorizos criollos al carbón vegetal, no le digo ya si ceba su mate dulce también, porque seguro usted no tiene ni idea de cómo se ejecuta semejante operación, pero ya le digo que no tiene nada que ver con la ceremonia del té ni con los principios del budismo. La peña en realidad quiere saber si le da usted su almeja en bandeja al señor, si se la monta usted sentadita o en posición vertical, o si el menda de su plumilla se tumba para que usted se explaye allí a placer mientras el cabrón no mueve ni un musculo en su posición del loto espachurrado u horizontal. En cualquier caso, si me permite, yo le recomendaría mejor un estilo poco edulcorado con más verbos que adjetivos, y muy poco Oc, como dice usted, que si le soy sincero, no sé qué quiere decir, entre otras cosas porque es lo que siempre le aconsejo a las amas de casa que tengo entre mi clientela, junto a depresivas, histéricas y obsesivas compulsivas que les apetece ponerse a escribir entre lavadora y lavadora y en contra de la voluntad expresa del conyugue. Olvídese de ejecutar nada elaborado ni puntilloso y le recomiendo que guarde usted su mejor prosa para el juicio final, en otras palabras para cuando tenga que apersonarse junto a su abogado para saber quién se queda con la propiedad horizontal, y si el argenta va a reclamar algún tipo de reparación o pago por daños morales o perjuicio psicológico contra su oficio, porque ya le anticipo que

una pareja argenta hispano letal o catalana nunca dura
más de cuatro o cinco años, e *indubio pro reo*, los pobres
argentas siempre llevan las de ganar, entre otras cosas
porque son inmunodeficientes y en su país son ahora
más pobres que el wifi en casa o el fondo de armario de
Tarzán.

Yo también. Quiero decir a mí también me han salido un par o más de kilos en la zona abdominal, y si antes tenía cierto aire al pintón de los Lannister, ahora parezco Varys, La Araña, el abultado y mantecoso consejero de los Rumores. Por lo que, en función de tan inquietante similitud debo decirle que me siento bien preparado para instruirlo. Lo que no quiere decir que a su aparentemente insignificante inquietud se le puedan dedicar más de mil o dos mis palabras, sólo porque detecto cierta docilidad en su manera de ser, y porque algunos tenemos las ideas muy claras en todo aquello que se refiere a la escasa o nula equidistancia existente entre los que son los derechos del hombre y los de la mujer del presente, que uno tiene la sensación de que -y ruego me perdonen la transgresión- son mazo peña, al menos en cuestiones de orden y como fenomenológicas que afectan a los dos. Y con esto quiero transmitirle la idea de que si fuese ella la que no puede atarse los cordones de sus Quicas o botines Witch, o diría más, si se tratase incluso de su hija pubescente con sus botas negras o iridiscentes Dr. Martens de larga cordonadura, ambas por estar entradas en kilos a causa sólo de su ocio doméstico y poca o ninguna voluntad de ejercitar sus obligaciones familiares o sus derechos feministas contra la patética imagen que puedan dar, lo haría usted sin duda.

Yo le diría que sí, que la mujer debe atarle los cordones a su marido, o padre para el caso, que por los motivos ya mencionados no puede bajar con sus manos hasta la altura de los pies. Que la mencionada disposición es una obligación implícita entre el grupo de derechos del hombre de hoy, en especial entre aquellos que todavía legislan su incapacidad, y más aún si tenemos en consideración todos los años que ha cumplido currando para la familia. Otra cosa es que pasar la aspiradora o la escoba en el despacho en el que su marido produce su magna opera, o planchar sus camisas de algodón, es algo que tenga que hacer necesariamente la mujer. Entre otras cosas, porque tanto la primera paradoja (la de un varón haciendo uso precario de útil tan singular), como la segunda (el mismo individuo ejecutando una difícil operación de planchado que es rigurosamente un ejercicio de género, con la excepción de los chinos que son muy buenos planchando), son ambas un viejo motivo de discusión, que en los tiempos que corren se ha convertido de una manera metafórica en algo tan sencillo y complejo a la vez como el teorema de Pitágoras, que dice que el cuadrado de la hipotenusa en los triángulos rectángulos es igual a la suma de los cuadrados de los catetos, y cateto será el hombre que planche sus camisas y el que barra su cobijo sin ayuda de la mujer.

Aceptemos, transitoriamente al menos, querido Luis, que barrer sus aposentos o planchar sus camisas de algodón, sean labores de su entera responsabilidad, como hombre ilustrado y moderadamente limpio que es, porque según los principios de la física cuántica que rigen en la actualidad (y describen fenómenos paradójicos) se encuentra usted perfectamente dotado tanto para una como para ambas funciones, siempre y cuando no sea partidario del sometimiento voluntario a la mujer (enigma que también el quantum habrá de resolver). Por lo que, independientemente de lo que ocurra en los tiempos por venir, incluida la posibilidad que el género mujer se convierta pronto en una dictadura blanda pero fuertemente sancionada, le aconsejaría que se compre usted un plancha sencilla, una Rowenta de vapor, por ejemplo, y una de esas pequeñas aspiradoras manuales de succión, porque entiendo también que su adorable mujercita le ha concedido *nolens volens* el privilegio de utilizar la habitación más pequeña de la casa como el lugar ideal para su estúpido trabajo intelectual.

En cuanto al complicado asunto de los cordones *per se*, y si usted ha probado ya su MC Major Curves o Belly Fat Burner y una dieta vegetariana, eliminar las féculas y los lácteos de su consumo regular y su barriga de consejero sigue en el mismo lugar, siéntase con derecho a reclamar eso y mucho más de su mujer, porque dígame sino para qué carajo sirve el matrimonio sino para trabajar para la familia sus ocho horas y extras también, y para el cabrón de adolescente de su único hijo que va a cumplir cuarenta la próxima estación... *del vía crucis*. Porque al final de cuentas, qué es atarle los cordones a su marido sino una prueba de amor y afecto, una concesión, como cuando el patrón renunció a los derechos de la primera noche hace ya tiempo.

Y si su mujer se niega, aduciendo sus derechos y bla, bla, bla, y una especie de dignidad feminista que se muestra incapaz de demostrar en el papel, piense que si no es siquiera capaz de eso y le dice que se pase al velcro, imagínese lo que será ya capaz de no hacer sino de hacer en detrimento de su frágil integridad de varón. Y piense que, si usted se sentía antes como Jaime Lannister y ahora como el cabrón rollizo y seboso Consejero Real, ella podría ser perfectamente Cersei Lannister, intrigante y perversa media cara del difunto Robert Baratheon, y usted sin enterarse de la misa la media.

Y si les queda todavía alguna duda, y me refiero a ellos y a ellas, de por qué motivo toda una mujer tenga que ponerse a la altura de las tumefactas pezuñas de un varón velludo y gordinflón, cuando la gente tiene muy claro qué habrá de hacerse cuando la situación es topológicamente al revés, y es el varón el que tiene que inclinarse a la altura de las zarpas de su ya también obesa -espero que no vellosa- mujer, le diré que:

primero, la incapacidad física (que no mental, si estás tarumba ya no se ocupan de ti ni las monjitas) disuelve el problema de los géneros, no digamos la muerte, o si prefiere el eufemismo, la incapacidad permanente y total, y que yo sepa no hay un sólo fiambre en su cajón sin sus cordones lazados, aunque ellas eligen por lo general los modelos de tacones o las manoletinas, según su idiosincrasia personal; segundo, porque dar apoyo a los obesos o maduros con un ligero sobrepeso o una incipiente barriga cervecera justo entre su áridos senos y el muñeco o canelón, es simplemente una conducta moral y transgénica y no circula por los mismos canales de las reivindicaciones de la mujer, aunque estas sean tan jodidas y crápulas como las de Lady Cersei; tercero, porque si el dagor se va por ahí con su cordones desatados es probable que vuelva en menos que canta un gallo, y no digamos durante uno de esos inviernos del norte, que regrese con un evidente trastorno de conducta y ansiedad y quizás una luxación o una fractura del cuello femoral que le obligará a quedarse en casa todavía mucho tiempo más del que usted nunca hubiera deseado.

Por lo que, querida amiga, y ahora me refiero a la fémina que los hijoputas de los dioses le han otorgado como esposa, átele usted al menos los cordones a su consorte. Y si no está dispuesta a renunciar a sus privilegios, cómprele para su cumpleaños una bonita Rowenta de vapor en color burdeos o en verde bambú, y una pequeña Karcher inalámbrica de MediaMarkt en amarillo patito de esas que anuncian en la madrugada por televisión, que es la hora en que las brujas cachirulas como usted se enganchan al chisme otra vez. Y sepa también que esos *pornocos* que le salen en la cara sin, son por no coger o echarse un quique de vez en cuando con el desgraciado.

Dr. Frodo,

Presiento que mi mujer tiene intenciones de dejarme. Desde que se ha vinculado al FPG, o al AGE o a En Marea (la verdad no lo tengo muy claro) he observado en ella un cambio de actitud, una especie de desinterés por mis problemas y como un extraño augurio de invisibilidad, aparte de un creciente interés por su estado financiero personal. Ignoro si es uno de esos problemas hormonales o de metabolismo que suelen afectar a las mujeres cuando se encuentran próximas a la pérdida de estrógeno, ya sabe lo que quiero decir, aunque, según me han dicho, se necesita para eso un diagnóstico retrospectivo. O si el problema es que tiene otro enjuto Castelao que le aguanta ahora su permanente estado de languidez y desafección, o si se trata de otra mujer en el mismo proceso de transición, entiéndame, y en discordia con las funciones propias de su género, según mi modesta opinión. Que, para el caso, tanto monta, monta tanto. Me pregunto si de ser así, el abandono ideológico y de facto del hogar por parte de la mujer o del varón está contemplado por la ley. Y si hay algún lugar en el que diga que, tanto en un caso como en el otro, y frente a la más que factible probabilidad de que el tercer involucrado en el adulterio sea varón o mujer, y no una sardina del Ferrol o cualquier otro animal de la impresionante biodiversidad de las rías gallegas, yo tenga que pagar el taxi al abogado, además de la compra familiar, el seguro del coche, el impuesto sobre los bienes inmuebles, la gasolina, el dentista, las multas por exceso de velocidad y saltarse una luz, el gasoil de calefacción y los viajes del niño a los habituales lugares de peregrinación de la Escuela Nacional del BNG o Marea, o si en realidad estoy haciendo el estúpido. Y si de ser así, o parecido, debería mandar a la parienta a cortar berza cos dentes, o mantenerme en esta misma actitud irreprochablemente generosa de consentimiento y colaboración, aunque vaya de alguna manera contra mis intereses y contra mi ego personal y profesional.

Óscar, desde Vigo, por email

Qué cousas le pasan Óscar, eso por llamarse Óscar en gallego, como en Oscar Wilde o Niemeyer, de la Renta u Oskar Schindler, que, si se llamase Vigo, y no residiese en Galicia, sería como Viggo Mortensen, y seguro que a esos gallardos caballeros no les pasan cosas por el estilo. Aunque vaya usted a saber. Ahora dígame, por favor -y le aseguro que no es una pregunta retórica- si es o se lo hace. Porque si de verdad es, la respuesta será una, y si se lo hace, me temo que otra muy distinta.

Para empezar, estaría tentado en decirle que no. No. Rotundamente no. Quiero decir no pague un centavo si al final la breva se la está comiendo otro, sea el menda de Jason Momoa, de Nanakuli, Hawái, y fíjese que no digo Castro Caldelas en el macizo Central, o la Khaleesi, con esa *h* y todas esas *es*, o su compañero de trabajo (me refiero al de su mujer) en Conservas Cerqueira S.A. Y sepa también que la justicia, y en especial los tribunales del condado o distrito, sí que son propicios a contemplar su estado de indefensión y me atrevería a decir que sienten especial debilidad por los pelotudos susceptiblemente indefensos como usted.

No obstante, e independientemente de los resultados de su avatar, le voy a decir que semejante comportamiento habla bien de su persona. Ignoro si ha superado los cien o para sorpresa de muchos esté ya en los 120 de cociente intelectual, pero si hay algo que tengo claro es que, si usted hace lo que hace por amor, no es exactamente un pobre pelotudo sino más bien Cosme y Damián y San Bartolomé (todos santos martirizados) y el bueno de la película, como Jesse en *Breaking Bad*. Y que si hubiera más paisanos como usted sobre la tierra no tendríamos problemas con la Generalitat ni con el Brexit ni con la puta que lo parió (y perdone el tecnicismo).

En este caso debería saber que, si dispone del dinero y le gusta pagar, puede pagar lo que quiera que por eso nadie lo va a castigar, que los que lo guardan por racanería o mezquindad, o por un simple caso de retención anal prolongado en el tiempo y no haber normalizado su crisis de madurez, son los mismos que votan por una nación propia y cuelgan en el balcón una bandera en la que indican con rayas y colores que lo suyo es de ellos y de nadie más, que dígame sino como se traduce financieramente el nacionalismo, el de aquí y el de allá, y el de todos los nacionalismos sin estado, tal que Flandes, las islas Feroes, la Lombardía, el del Frente Nacional de Liberación Corso, el de los catalanes *dis* o parapacifistas de Òmnium paracultural y la ANC, y el de los vascos que es un nacionalismo perverso con rasgos de *primal phantasies*.

Debería saber que ser generoso es una virtud, aunque no lo contemple la ley, y que lo sitúa a leguas de distancia de su presuntamente maléfica esposa o cualquiera de sus iguales, sean estas gallegas, catalanas, vascas o nacionalistas sentimentales montenegrinas y serbias de pura cepa lingüística karadazkí. Y créame que para la próxima vez tenga en cuenta que siempre es mejor casarse fuera del espectro de los nacionalismos descentralizadores y emocionalmente adheridos a viejas batallitas de 1389 contra los Otomanos, por ejemplo, o a las luchas contra las instituciones de inspiración castellana que vienen de tan lejos como de Felipe V, *el animoso*, y el de los gallegos, que es más su caso, y viene nada menos que de los suevos, que en proto-germánico viene a querer decir *"uno mismo"*, lo que no me negará es como muy gallego, y luego de los *séculos oscuros*, de cuando César Borgia se dejaba barba a lo *Iron Man* o Robert Downey Junior.

Y déjeme que le diga también que alguien tendría que hacerles saber, a ellos y a ellas, que lo de ella y otros con ese mismo placer que deriva del control de sus intestinos, no es nada más que una fase del desarrollo infantil (entre los dos y tres años), y que está generalizada, se extiende entre hombres y mujeres de una misma y diferente nacionalidad. Y va desde Vigo hasta Nueva York y Afganistán, y no debería durar más allá de la edad en que el niño entiende lo que es mío y lo que es de él, y en el mismo momento en que le empieza de verdad a joderle que le cambien abruptamente su rutina, en aras, por ejemplo, de un nuevo país en donde antes no había más que mazo piña de tipos y tipas hablando una especie de portuñol galaico.

Por lo que debería tener en cuenta dos cosas y algo más: la primera que está usted haciendo sólo lo que hacen los hombres de verdad, que discutir sobre la vuelta o si la tercera parte o la mitad, *si la parte contratante de la primera parte será considerada como la parte contratante de la primera parte*... los que se guardan el cambio y los que ejercen esta oscura introversión son una especie antigua y no necesariamente conmovedora que todavía no se ha enfrentado a la perentoria necesidad de transformar su triste retentiva en altruismo y desinterés, cualidades ambas que comparte con ese rasgo de inmadurez o triste condición que Freud llamó anal, y Frodo (su analista un día como hoy) llama elocuentemente a *nationalistic-induced neurosis*, y -hágame caso- que siempre es mejor cagar, no sólo cuando conviene sino cuando se tiene ganas, que guardar para más tarde.

Y debería saber también que, si se casó por la iglesia pensando que todo eso podría cambiar, haberse casado con una albanesa como la beata Madre Teresa de Calcuta, o con una piadosa y escritora a la vez como Flannery O`Connor, o con Lila Rose que tenía su no sé qué. Y si se trató sólo de ignorancia o falta de anticipación, atributo que comparte con la mayoría de los hombres, y contrajo nupcias con la esperanza de que ella fuera a cambiar, sepa, querido Óscar, que las mujeres no cambian jamás, ni antes ni después del banquete y el pastel de bodas con su pareja de novios *Bubinots*. Y que como diría Groucho, *"quiten a las mujeres del matrimonio y no habrá ningún divorcio"* o *"cualquiera que diga que puede ver a través de las mujeres se está perdiendo un montón de cosas"*, o aquello de que *"el matrimonio es una gran institución. Por supuesto, si te gusta vivir en una institución"*.

Y lo último que debería tener en cuenta, pero no menos importante, y que podrá leerse a modo de epílogo o anexo si es usted conservero de calidad o un desconocido escritor gallego como yo, cosa que para el caso que nos ocupa daría exactamente lo mismo, sepa que como dijo Henry de Montherlant, si no recuerdo mal (al que le gustaban los toros y el suicidio, entre otras flaquezas) la felicidad escribe en blanco, por lo que siempre queda un poco de esperanza para su persona y para el sector de la conserva gallega tanto en Vigo como en Ferrol del Caudillo.

Dr. Frodo,

I`m seventy two. From Wigan, in Manchester, and live now in Javea, Alicante, since mi retirement in the spring of 2015. On the road to getting used to the climate, wich realy have to say, find intensely hot and humid in a awkward way. Doing fine with the food, especially the paelas and rices in general, not the with the mojama y las gachasmigas, that honestly find a little over the edge. The thing is that I happened to be sort of hiperactive and reactive in an extremely bad way to this particular odeur women emanates during their period. A rare mixture between crude garlic, manure and female hormonal liqueurs, like in certains mamíferos (as you can see, making improvements too in language affairs) I had encountered in the subcontinent, India I mean. This -I must say- inhibits me and my sexual perfomance, not only bodily wise, sino que también me impide socializing with them. I write to you because you're not only a singular and very popular argentinian analyst but a rigurous and voluptuos one. In my country most analists are inclined towards a much more conventional and optimistic or Pinker approach, wich I find prejudiced. I wonder if this is a problema mum`s induced and attached to family grounds, and if I shall look more into the deps of my chilhodd and go sort of bewilldered and bemused against *my mother who, by the way, was totally and absolutely unsmelly (like my dad), qualite I have inherited myself, at least until lateley that she is a resident in a geriatric home and recibe normally a quick shower only once a week. I wonder if it is something wrong with my upbringing and emotional values related with the childhod, or rather if it all reduces vaguely to a kind of cultural prejudice, or is it only something wrong with my schnoozle.*

John, Wigan/Alicante

Dear John, nice to hear a shithead from Wigan, lo que me hace pensar que hay más de un pelotudo septuagenario mancuniano, o wigy para el caso, en la red. Happy to hear too that you live in Javea, and not in el Arenal or in that shitty town by the Northern Soul. Pero permítame que le conteste en español, que, al fin y al cabo, es mi lengua madre, y porque ya es hora de que un inglés petimetre con segunda residencia en este país empiece por conocer un poco su peculiar estilo de comunicación o este artefacto o artifact en inglés, que diría usted, y que algunos consideran una sub-lengua, la misma que utiliza el carnal que hace los tacos en Western and Holywood Boulevard.

Es verdad que *les odeurs*, lo digo en francés para joderlo, tiene, una relación directa con la sexualidad, y que eso viene de cuando vivíamos en las ramas junto a otros mamíferos placentarios como los primates en el Cretácico, y que a falta de abuela, querido John, puedo asignarle una de su mismo árbol, aunque tenga usted, no un oído absoluto como Mozart, sino una jodida nariz. Vale. Es verdad que a la mayoría nos gusta que la mujer huela bien, lo mismo que su compañero de vuelo que se sienta en la ventanilla de la fila 22 y usted en el asiento del medio, que en términos estrictamente aeronáuticos y de aviación civil es casi lo mismo que le puteen a la madre en Barracas, Buenos Aires. Aunque no me negará que hay montones por ahí de narizotas que dicen gustarle las zorras que huelen a sebo y ese típico *fleur de nit* de sus procesos menstruales. Sin embargo, aceptemos como premisa, que a los hombres en general les gusta que la mujer huela bien, y la gama de olores considerados aceptables es larga y va desde el *Nenuco*, que tiene esa perversa cualidad infanto-pubertal y como pederasta, hasta el *Lancôme* y el *Bright Crystal* de Versace o el *Juicy Couture*, pasando por el eau de supermarché de Mercadona o Carrefour.

No obstante, otra cosa muy distinta es ese olor radicalmente orgánico y proto celular casi tan antiguo como el que salió cuando Howard Carter abrió la tumba de Tutankamón. De todos modos, confieso, y me avergüenza tener que decirlo, que yo también lo he sentido alguna vez, y puedo decir que me produce una sensación de rechazo visceral que no tiene nada que ver con la de usted, y es, al día de hoy, una fórmula química enigmática que todavía no he logrado descifrar. Es evidente que no tiene nada que ver con la higiene entendida como una ducha por la mañana o antes de acostarse y esas esponjitas íntimas muy asépticas que las mujeres suelen utilizar. Tampoco se trata de un olor corporal propio incrustado en la cadena genética desde el mismo momento de nacer o antes, ni de un ácido o una proteína en avanzado estado de descomposición que se ha enlazado mal con el gene del quinto en la estructura de doble hélice. Tampoco tiene probablemente ninguna relación conocida con la promiscuidad asociada a un abandono temporal de su higiene personal en tales partes pudendas ni, por lo contrario, con un caso de completa asexualidad o reproducción a partir de semillas, o con el hecho de que su partenaire no se haya comido una rosca desde la jura de bandera de su hermano mayor en Fregenal de la Sierra, Badajoz.

Tampoco se trata, John, de que sufra usted ningún trastorno o alteración en relación *with your emotional values, related or not with your childhood, and by no means there is anything wrong with yor schnoozle*, I would say more the opposite. Lo cierto es que debo confesar que, por mucho que me pese, en la intimidad he desarrollado una hipótesis de trabajo con la que suelo conciliar mi pudor olfativo (eufemismo de té canta el alerón o el chumino) y mi rechazo ocasional de mujeres en tan desafortunada condición. Y que, al menos en mi caso, todo se parece más al lamento de un pesado macho de podenco o grifón, y al pobre de Cyrano de Bergerac y erase una vez un hombre a una nariz pegado, que a otra cosa.

Sí, no le voy a negar que he sentido ese mismo olor al que usted parece referirse en más de una ocasión, lo he sentido en ascensores, al subir una escalera en el antiguo Hospital de Santa Creu, lo he sentido en excursiones por ahí y en damas con las que compartí mesa en alguna rara ocasión (por si no lo sabía, soy partidario de la ingesta en solitario, otra disfunción quizás de la misma naturaleza, y que procede de mi infancia cuando mi madre invitaba a comer a una vecinita de mí misma edad regularmente ataviada con mocos verdes que subían y bajaban de su nariz como la pupa de un lepidóptero a punto de eclosionar). Lo he sentido en la queen size y en camas separadas, a escasa, escasísima distancia de mi propia persona, y le garantizo que en ninguna ocasión he salido por patas, que no me he acobardado y salido cagando leches de allí en busca, por ejemplo, de la planta de Perfumería y Cosmética de El Corte Inglés.

Y en cuanto a su composición me atrevo a decirle que estoy convencido se trata de una mezcla sulfurosa parecida al after match de un asado con morcilla dulce, ubre y tripa gorda y el del vestuario en los últimos juegos olímpicos de Dubái, mezclado al azar con los períodos menstruales de ciertas mujeres o con sus procesos hormonales, un poco como eso que llaman *musth* y se refiere (y perdónenme las damas por lo que voy a decir) a los elefantes machos en período de celo. Y posiblemente esté relacionado también con una época anterior al *Homo habilis* anterior al Pleistoceno en donde no existía el lenguaje tal y como lo conocemos hoy, y todo se reducía a una serie de exabruptos guturales, carraspeos y cliques articulados como los de los bosquimanos del África austral, gorjeos y gruñidos, y todo como salido de la pluma de Burgess en *Busca del Fuego*, un complejo código olfativo a través del cual la hembra le comunicaba al macho troglodita su decisión de aparearse sin esperar un minuto más y a saber con qué intención (paradoja atribuible de siempre al carácter del género) y sin necesidad de tener que clavar las rodillas en el piso, en la tierra o en el suelo de roca del tugurio que su peludo y velloso consorte le había apañado como casa o habitación familiar y sin necesidad de tener que hacerle una mamada interminable al cabrón.

Me pregunto por qué leches será que tenga que ser la mujer la que despida tan rancio y nutritivo olor, y no el macho en celo, como con los paquidermos, es algo para lo que, aunque me gustaría, no tengo respuesta. Aunque sí le diré que sería mucho más justo que fuesen los machitos encelados y al palo los que oliesen a zapatos viejos o a la tumba del joven faraón, y las mujeres fuesen desde siempre inodoras y aseadas como lo son hoy y no lo había sido antes, tanto en relación a la actividad sexual como a los asuntos del corazón o, puestos a peor, en sus cubículos de trabajo. No me cabe duda de que ellas no se merecen oler a choto, decía mi mamá, por la razón que sea, siempre y cuando no se trate de una falta de higiene personal, y no sólo de ellas, sino de los machitos gorrinos y tocineros también. Cuánto mejor sería que ellas olieran todas a jabón, o si es más de su agrado, a una colonia infantil como *Baby*

Tous o *Petits Et Mamans* o al icónico *Nenuco*, y le diría más, no necesariamente a una fragancia carísima mezcla de mil flores exóticas y un poco de ungüento animal, que seguramente y teniendo en cuenta nuestros prejuicios olfativos de mariquitas remilgadas es el toque mágico del final, y lo visto por lo servido es precisamente la feromona animal la que ejerce la auténtica atracción.

Y, para terminar, querido John, seguro que las pibas en Wigam no huelen todas igual que Lady Mary Talbot en *Downton Abbey*, que no en *Godless*, que en su pueblo seguro la mayoría huelen a steak and kidney pudding, fish & chips y a birra, al bitter maltoso de una Bombardier tibia como la meada de un mandril.

Y otra cosa, John, narizotas, si todo le huele a pedos de la revolución industrial que tuvo lugar en sus pagos, si pese a todo la piba huele mal, jódase, haberse quedado en casa haciendo vahos con hojas de eucalipto o haberse comprado un par de latas de desodorante del hogar con un suave olor a ropa limpia, lavanda o Marsella, y deje a las pibas tranquilas aunque parezcan que estén desovando o desescamando un lenguado. Pero, sobre todas las cosas, ni se le ocurra mover un pie de donde está, ni saltar de la cama como si hubiese una piara de ladillas saliendo de la cuca o chucha de la pobre que tiene que aguantar a un palurdo *shithead* tal que usted. No señor, quédese más quieto que la estatua de Colón apuntando en la dirección contraria a la que tenía que apuntar, y no mueva un dedo, ni un pelo de la cabeza, ni se tape la nariz con el índice y el pulgar, ni se le ocurra sacar de su mariconera el frasquito de bálsamo de tigre ni su inhalador Vics nasal, salvo claro que se encuentre usted en el asiento central B y en ella en el A, ventanilla, en un vuelo directo a Christchurch, y no haya un sólo asiento libre en todo el avión. Evite caballero cualquier gesto intencionado o no, cualquier gesto malsonante o acción que lo aleje abruptamente de la implicada, porque si hay algo que no está en los protocolos del caballero de salón, de los míos y de cualquier otro colega de profesión, es avergonzar a las damas y ponerlas en situación de exclusión. Así que, estimado John, quédese quietecito en la catrera, meta su cabeza bajo las sábanas y el edredón y huela sus propios pedos hasta que le dé un achuchón, y termine aceptando la idea de que no vivimos en un mundo Channel, Madmoiselle, sino en uno más bien Dharavi, Bombay.

Dr. Frodo,

Acabo de leer la pregunta del analizante anterior y su respuesta, y le confieso que no que es a mí me importe una mierda que las pibas huelen a trancas de pollo pasada la fecha de consumo preferente, lo realmente importante es que tengan un par de piernas y un buen culo, y lo de las tetas también me da exactamente igual. Es su última frase, la de su respuesta, la que me ha provocado cierta inseguridad y desasosiego, y ahora me ha dado por pensar si se tratará por mi parte de una conducta aberrante o una tara, y si debería buscar apoyo en algún tipo de terapia conductual o hacerme un análisis rápido rapidísimo con usted, que como ya estará viendo es lo que en realidad he decidido hacer. Sí, Doctor, a mí me chifla meter lo que se dice la cabeza bajo mis propia sábanas y encerrarme allí como si fuese un paisaje nevado en una bola de cristal o un niño burbuja y oler mis propios pedos, cuanto peor huelan mejor; y después de años de esta práctica soez he llegado a la conclusión que no sólo me gustan más los que peor huelen, sino que puedo hacer gala incluso de cierta especialización y preferir aquellos que suceden al proceso digestivo de legumbres y quesos franceses o suizos como el raclette o el camemebert, o los que tienen lugar después de un guiso de lentejas con chorizo, tocino y costillas de cerdo en salazón. Y que, así como me gustan los míos, se puede decir que detesto los de cualquier otro, incluidos los de mis primos y los de mi hermano mayor, o los de mi madre, válgame Dios. Mientras que por los de mi mujer, debo decir que siento una tolerancia que procede indiscutiblemente de mis lazos amorosos con la mencionada, de dónde si no, y del hecho de que mi mujer es tremendamente sutil y delicada, y supongo que, a la hora de contribuir con los suyos, peyarse, perorarse o crepitarse, o como se diga, también lo es.

Pedro, por email

Ya le digo que sí, Pedro, Pedro de piedra o Petrus, del que puso la primera piedra, Mateo 16:13-20, o del griego *petras*, o de pedo, *crepitus*, aunque según mi padre -descanse en paz- pedo en latín era algo así como *ventos curruscus*. Y si no recuerdo del todo mal, ya he tenido un analizante con tan singular apelativo, aunque con una diferente problemática. Pero ya le digo que sí desde ya, que lo suyo es de auténtico machote *bona fide*, y no como el maricón gomoso y caballerete olfativo del mensaje anterior. Sin embargo, si le soy honesto no tengo mucho que comentar al respecto, salvo quizás decirle que a buen flatulento no hay pedo que se le resista.

Desde otra perspectiva, colectiva digamos, no se conocen estadísticas del INE, del IES, y las oficinas del ramo están más por si el PS va de baja y el PP y VOX de subidón, si Iglesias tendrá que hacer un Trotsky en Coyoacán, o por valorar si la incidencia del *procés* y sus patologías y fantasías oníricas tendrá algún efecto desestabilizador sobre el sentido común del español de a pie. Aunque a título personal no me cabe duda alguna que un hombre de verdad, debería pasar de los malos olores provengan de donde provengan, sea de los muertos de las cunetas o de los que él mismo mató, de las heridas de arma blanca o de un chumbo en las petacas. Un hombre de verdad aguanta lo que le echen, aunque sea una diarrea de heces acuosas o una tortura medieval de los Lannister o los Stark, no digamos el ligero olor o aroma de una fémina en pleno derroche de estrógenos y progesterona o en el punto álgido de su menstruación.

Se ha sabido de hombres que han aguantado toda clase de olores, los de las checas y de la falange, el de los políticos de derecha y el de los liberales radicales, el de los neofascistas y los botiflers borbónicos, o el del abono de los campos en el rural catalán. Y de hombres que no solo han aguantado malos olores sino sueldos de hambre también, y el aroma todos los días de su macarrones con tomate frito Solís, el del ajoaceite o el del alioli catalán, y el de las guerras carlistas, por no mencionar el de la guerra civil y el de la Guardia Mora o unidad militar de élite origen marroquí, que yo no estuve allí pero debería a oler a rayos, el del Lord Cheseline o la Gomina Glostora de la vieja guardia falangista, o el del cocido gallego con berza que le gustaba tanto al dictador. Y de algunas mujeres también, que a la hora tanto de oler como de aguantar, son tan estoicas y resilientes como la que más.

Oler es una cosa, y otra muy distinta es que le peguen a uno un chumbo del calibre 44 Special en las napias. Oler es una cosa y otra muy distinta sufrir en tus propias carnes el efecto de una serie de circunstancias dol-orosas que afectan no sólo a tu sistema olfativo sino a todo tu ser.

Por lo que le digo, querido Pedro, de Petrus o *crepitus*, si oler sus propios pedos no es exactamente una virtud, como para que le den el Planeta, el Príncipe de Asturias o el Sablé, que esos sí que huelen mal, todo es empezar. Y si usted ha decidido hacerlo oliendo los suyos en la cama, o dando un paso atrás cuando se los tira paseando al can y disfrutarlos aún más, qué quiere que le diga, lo importante es empezar. Después, si le parece, podrá pasar al olor de los muertos de Delgado

Villegas o a el de los fiambres en el Anatómico Forense, y luego pasar al de la batalla de Hastings, el Somne o la de Moscú, o sacarse un billete a Kiev con Ryanair y hacer un tour de un día a Prípiat ($180) y oliscar un poco cerca de la sala del reactor número 4. Y si no tiene un peso o no le gusta viajar, o si es un usted un catalán del Vellver o Martinet, o un gallego de O`Cebreiro, móntese un picnic de trinxat y cap-i-pota o llévese en un cacharro su propio raxo o zorza o su empanda de bacalao y hágaselo con otros pedorros como *crepitus* o Petrus en un furancho o en un campo de su propiedad, a ser posible recién abonado, y no muy lejos de su pueblo natal.

En cuanto a sí usted es el único que huele sus pedos bajo las sábanas o hay más olfativos por ahí, aprovecho para decirle que no hay números ni información al respecto en el Archivo General de Indias, ni en los de Eurostat o en los del Vaticano, y que es uno de los secretos mejor guardados de la historia de la humanidad, del orden de quién mató a Kennedy o a Nisman en su piso de Torres Le Parc, Puerto Madero, del orden de si el universo tiene un final, un supersecreto de la misma naturaleza que el de la existencia de dios y su presunta inmortalidad. Y si los políticos ilustres tal que JFK o Pujol lo hacían también, me refiero a oler sus pedos en la intimidad, sea en el Despacho oval o en el del Palau, o si eso es cosa del ciudadano común.

No, Pedro, eso no lo sabremos jamás, ni usted ni yo. No va a aparecer en sus diarios personales ni en las notas de sus biógrafos, ni en los archivos secretos de la CIA, en los del Mosad o del CESIC, lo sabremos sólo si los más honestos o crédulos e ilusos pelotudos como usted y unos pocos más decidan un día ponerlo por escrito y contárselo a los demás. Cierto no hay ninguna necesidad, pero se ha preguntado alguna vez si un comportamiento narcisista primario como ese tiene acaso una motivación social, es simplemente una perversión trivial o sólo una despreciable estupidez o si, en última instancia, es el eslabón perdido de la especie y está en el ADN de su identidad genética, como el hecho de comer con las manos y no con los pies o el de utilizar el aparato fonético para hablar.

Me dice también que los pedos de su mujer no le resultan especialmente despreciables, y que atribuye esa inesperada tolerancia al hecho para nada insignificante ¡bailá macho! de que usted esté lo que se dice enamorado -cosa que ya he escuchado en anterior ocasión- sepa que, *el amor es un riesgo, una cornisa, una peste ...* (lyrics de Silvia Spitalnik) y eso es, permítame que la diga, un gesto notablemente virtuoso y edificante, y no tiene nada que ver con lo delicada y frágil que ella pueda ser. Pues no. Porque seguramente ese no sea el motivo, y que el amor no es nunca olfato-tolerante ni filo-fragante.

Le diría más bien que se trata de dos cosas: una que se ha convertido en un hábito, y ha olido usted tantos ya que todos le saben a poco; o lo que es más probable -y que lo indica sin darse cuenta usted mismo, los pedos de su mujer no sean en realidad gran cosa, que sean inocuos y nada provocativos, que como diría Aristóteles y Linneo, el sentido del gusto y el del olor están en el cerebro y no en el paladar o en el trigémino, y es más que factible que los de su mujer solo despidan un aroma ligeramente enrarecido e indefinido que en ningún caso nadie diría que se trata de pedos de verdad, sino simplemente de una emoción o un estado de ánimo.

Piense en eso y en otras cosas también, por favor, y vuelva a escribirme otra vez, pero ésta con una rápida reflexión sobre la naturaleza misma del olor o sobre el hecho para nada irrelevante de que hace tiempo han aparecido nuevos sabores, como el acre, el del glutamato monosódico y el adiposo, y sobre cuál es la relación de éstos con las emociones. Y dígame también si ha considerado usted alguna vez dedicarse al olor de sus pies, al de sus axilas o al de la dermatitis seborreica detrás de sus orejas, y si participa de algunas de mis dudas sobre aquello de que los olores compartan naturaleza con los do-lores de diferente clase, políticos, metafísicos, maritales y demás, a los que estamos sometidos usted y yo y el resto de la humanidad desde que ponemos un pie en el suelo después de una siesta envolvente, después de oler sus románticas y evocadores flatulencias y ventosidades bajo la intimidad protectora de sus sábanas de algodón o placenta.

Sr Frodo,

Soy un tipo mayor, digamos que rondo los sesenta y cinco en estado de erección ¡jaja! y todavía me hago mis pajotas o lavo la ropa a mano. Cuidado de que no se trata de que no me gusten las mujeres, sino todo lo contrario, es más bien un caso de no tener a mano uno o más ejemplares del género a la hora de dar candela o meterla en caliente. Sí que me gustan, Dr., por favor, especialmente si están buenas, como se suele decir, y no tienen un serio problema de sobrepeso (supongo que a causa de una experiencia precoz de mi juventud con una dama de una aldea de Lugo que rondaba las noventa libras, que suena mejor) ni ningún problema anatómico forense, ya sabe. Es más, creo que más bien se trata de un problema para relacionarse o de socialización, no de antes de..., sino de después de haber soltado la carga, carga de cargo cultismo o jizzed. La verdad, no encuentro de que hablar y me rallo, o diría más, siento la necesidad urgente de largarme de allí, de abandonar el lugar del crimen. Ya le adelanto que el matrimonio no es la solución, y ya he probado con tres, y en ninguno ha fallado el ganso, el motumbo, ya sabe, el muñeco sino la retórica sexual, si entiende lo que quiero decir. Es verdad que técnicamente su esposa se puede quedar durmiendo en la misma cama que usted, o incluso tener la suya propia o incluso tener su propia habitación, pero nada de eso parece poder arreglar el problema de la comunicación y la perentoriedad del deseo no inconsciente de que se vaya a tomar viento de allí. Mi pregunta es si masturbarse o hacerse la manola con cierta asiduidad a mi provecta edad es un acto inmoral o indecoroso, o si por el contrario está bien, y hay por ahí un mazo de viejos de mierda como yo cascándosela frente a su Smart tv o a su MacBook Pro. Y me gustaría saber también si uno podría quedarse ciego por abusar de esta práctica friki, palmarla, retrasar el crecimiento corporal o colgar los tenis después de un ataque al corazón.

Teo, por email

De acuerdo, Teo, ya veo por donde va. Y, Doctor, cuando se dirija a mí, si no le importa. La suya es la clase de preguntas, de *shitty questions* (y eso me ha quedado de mi analizante John, de Wigan) sobre las que no se debe hacer sentencias o afirmaciones que conviene omitir, cuestiones del tipo de por qué estamos aquí, y si antes o después del universo en expansión había algo allí fuera o no había nada, y que la nada, como los cuánticos saben, es inestable, un poco como todo lo demás. Debería saber que, esas no son cosas de las que no se debe hablar, aunque me estuviese

pagando doscientas libras por sesión.

Voy a ir por partes. Es evidente que a usted le gustan

las mujeres y sabe exactamente qué hacer con ellas al

menos desde el punto de vista estrictamente erótico

pornográfico, y quien habla de sexo no habla de todo lo

demás, sino más bien lo contrario. Le voy a ser sincero,

he pensado lo mismo más de una vez. Y he llegado a una

conclusión: que si las relaciones sexuales entre géneros

y homosexuales también, suelen ser harto complicadas,

no le diré nada de lo que pasa cuando entre los dos no

hay ni una cosa ni la otra, y me refiero a relaciones, y la

pareja está a punto de sucumbir. Es evidente que esto

sea difícil de explicar o incluso de imaginar, pero estoy

convencido de que al menos puede ser expresado a

través de una fórmula matemática o de manera

estadística que, si no nos dan el lenguaje para hacerlo,

podemos hacerlo de una manera abstracta, como hacen

los astrofísicos que estudian el universo y otros

agujeros.

Entiendo que no tiene problemas para relacionarse

física o metabólicamente con su media naranja por

cuestiones de incompatibilidad o proporción, o en

función de sus inclinaciones eróticas o de esa dúctil

perversidad de la que a veces hacen gala los dos. Y que

le da más o menos lo mismo si ella se pone a cien con usted o usted con ella, o si lo hacen a destiempo o al mismo tiempo los dos, y que tampoco le importa un pimiento el tamaño y/o la contundencia con la que puedan contribuir tanto el uno como el otro al intercambio sexual. El problema parece ser que a la hora de dialogar le cuesta a usted mazo, y no sabe si hablar de libros, de su, imagino, escabrosa intimidad, de la compra de la semana, o si hablar de las noticias de la Seis o de sus problemas en el trabajo o los de ella, que desde que la mujer trabaja todos son problemas y más.

Interpreto que el mal que sufre, querido Teo, es un bloqueo funcional latente a la hora de socializar. Lo que no me dice es, si tal cosa ocurre exclusivamente durante aquellos momentos en lo que se lo hace con la hembra de su elección, o por el contrario es una condición permanente como la que sufren otros muchos herméticos como usted y poco o nada articulados machotes de armas tomar, y que también ocurre, me atrevería a decir, entre etnias e idiosincrasias muy diversas.

Para su tranquilidad le diré que existen muchas culturas en esa misma banda, por lo general en el mundo rural de casa o en el de los Balcanes y en muchas tribus en el África negra, meridional, oriental u occidental, en donde los hombres prácticamente nunca hablan con las mujeres, salvo quizás con las fulanas, y siempre en un tono sobrado mezcla de arrebato y superioridad. Mientras que otros, como los franceses, no paran de hablar. Y que lo mismo ocurría entre las clases burguesas del diecinueve, y probablemente sigue ocurriendo en el piso del vecino del cuarto y en el sexto también, y que existen por supuesto otras parejas que no se comunican jamás, sea por intolerancia, *modus vivendi* o simple incompatibilidad. Sin mencionar a los brutos que antes que hablar prefieren gritar o zurrar a la pobre desgraciada que han convertido en su compañera de por vida, como se suele decir, que de casta le viene al galgo.

Y sepa que hay casos también en los que la desocialización llega a extremos intolerables, en donde un conyugue vive en una casa en Madrid y el otro en el pueblo de sus padres en León. Y eso sin mencionar a los pilotos comerciales, los dobles agentes rusos o los activos del Mosad, o a aquellos que se meten en la carrera espacial o directamente en la terraformación en Marte que es un must, o un Musk. Y eso que usted mismo dice, que ella puede tener su propia habitación, pero seamos sinceros cuando se llega a esos extremos dudo que entre la pareja haya alguna clase de intercambio sexual o cualquier otro intercambio que implique alguna forma de interacción social.

Pero si vamos al grano, Teo, lo suyo es un problema de disociación cognitiva muy extendido, especialmente en nuestro país, y ni se le ocurra pensar que es el único que no tiene ningunas ganas de hablar con su mujer o con su primo en Calatayud. La verdad es que se trata de un clásico en la dinámica de los géneros, y tiene poco que ver con sus problemas personales de adaptación o los de ella de intolerancia por fractura, sino que es un caso más bien de una incompatibilidad interesada, la misma que se plantea entre tories y laboristas, conservadores y progresistas, unitarios y nacionalistas, y que está aquí para quedarse.

Las diferencias entre sexos, especialmente desde los derechos de la mujer a la educación y al voto, e incluso de cuando las mujeres montaron por primera vez en bicicleta y abandonaron la montura de lado, no parecen contribuir ni un ápice a la comunicación con los hombrecitos. Y no sólo eso, sino que me atrevería a decirle, querido Teo, que tanto uno como el otro, el hombre y la mujer, apuestan por la verticalidad y una especie de ordeno y mando de rango militar, aunque con un toque sutil de sarcasmo y falsa proximidad.

Y si ha visto usted algo diferente en televisión, por ejemplo, y ha sido testigo de que allí las parejas no paran de hablar y lo hacen igual de bien que en los diálogos de Arthur Miller y los monólogos de Oscar Wilde, la respuesta es muy sencilla, y tiene poco que ver con la realidad, y es que trabajan con guion. Y los guiones los escriben por lo general escritores que están más solos que un gordo en el gimnasio, y lo que se dice hablar sólo hablan con su agente o con su editor, o con la becaria que con un poco de suerte se van a tirar, y exclusivamente de sus cosas y de los libros que acaban o piensan publicar, e interacción le aseguro que hay menos que pobres en Alemania.

En cuanto a su inquietud final acerca de si masturbarse está bien o mal, si es políticamente correcto o legal, saludable, enfermizo o achacoso, moral o inmoral, dígame que daño puede hacer a una pajita o un sacudón a un septuagenario como usted, que está mucho más lejos del principio del universo que del final, y como a mitad del libro de lo que falta para que estalle el sol. Así que, yo le diría, Teo, sacúdesela usted a placer las veces que quiera, aunque personalmente le aconsejaría que no fuesen más de una a la semana o cuatro al mes, que, si la nada es inestable, como dicen los cuánticos de la página anterior, qué daño le puede hacer a nadie apretarle el cuello al pavo un poquito más. Y si para ejercitar semejante acrobacia y performance, por qué leches, dígame usted, no habría de utilizar su Smart tv o MacBook con la pasta que le costó y toda la mochila digital que ahora tiene a su disposición, aunque insisto, de ser posible con menos asiduidad de aquella con la que visita sus series favoritas o las novelas de Rede Globo o Bandeirantes que han tenido el mismo éxito en San Pablo que en Rusia o Portugal.

Y si eso puede provocarle un daño irreparable a su equilibrio mental o una enfermedad cardiovascular, o vaya a detener su crecimiento en vertical, o simplemente terminar con una ruptura de la pared de la aorta y *provocarle a usted un sangrado potencialmente mortal*, la verdad no tengo la más remota idea, pero deduzco que si usted se acerca ya a los setenta pirulos y ha estado sacudiéndosela por lo menos desde hace cincuenta o sesenta años, por no decir más, y mi hijo de diez ya se la midió con una regla, en centímetros y en pulgadas y en estado de erección, ya le digo que no hay nada que hacer.

Porque si todo es inestable, dígame por favor a quien le importa una mierda si se la manfinfla o hace justicia por su propia mano. Y aquello de que se vaya a quedar ciego a su más tierna edad, que no a sus puñeteros setenta o casi, seguro es cosa de curas y priores, que prefieren a sus fieles con menos vista que el OT de 2018. Y que, a título de *eulogy*, panegírico o *accolade*, le diré que todos, onanistas, abstemios, pajeros y puñeteros, todos terminan en el cajón, y el que no se haya tocado el burro o el acero años después de su pubertad que tire la primera piedra.

Dr. Frodo,

Esto es muy personal, especialmente entre los vascos que no nos gusta hablar de más. Mi novia que es de Otxargoaga - Txurdinaga, Distrito número 3 de Bilbao, es como muy angosta, ceñida, es más estrecha que Cayetana, pero en otro plan, y lo cierto es que, aunque parezca mentira, porque como ya le dije soy de Bilbao, eso me crea un montón de problemas a la hora de coger el estoque y perfilar, no digamos apuntar a la cruz, ya sabe, aquello es como querer meterla en una pared de hormigón o por el ojo de una aguja de coser. Y no sólo eso, sino que tiene una teta más baja que otra, la derecha si no recuerdo mal, que si no es el fin del mundo es un poco como si a Megan Fox o a Kortajarena les sale un grano o comedón en la punta de la nariz. El caso es que - usted se reirá- pero no sé qué demonios hacer. Si debería sentarme a hablar con ella tranquilamente, lo que en el barrio no es muy cultural, darle ánimos y simplemente empujar un poco más; o si más bien se trata de un estricto problema mío por no ser capaz de tener una erección media regular (algo insólito entre la población preindoeuropea local) por lo menos suficiente para romper al menos una pared deslizante Shoji japonesa. Y vaya usted a saber porqué, no querer aceptar la necesidad precoz de pasarme de una vez por todas al sildenafilo, como diría Walter White, y sostener la teta

más baja a una altura discrecional con ayuda de la mano

izquierda y en consonancia con la otra que al parecer

está en su correcto lugar. O si debería, por el contrario,

buscarme una mujer anatómicamente más proporcional

y con una vagina regular capaz de alojar un banano

maduro de 2 X 6 pulgadas aprox, quiero decir, y dejar de

una vez por todas de jugarme la vida dándome de

cabezazos contra una pared de obra o de papel.

Aitor, por email Dr. Frodo, Dr. Frodo,

Entre usted y yo, Aitor, he pasado por lo mismo en el 68, la edad de las gabardinas, las minifaldas y las barricadas. Y debo decirle que fue mi primera y última, y demás está decir que fue toda una sorpresa. Recuerdo aquella habitación juvenil con cortinas de lino verde en una casa chalet junto a la cañada, en el Parque California. Era de noche y no se veían tres en un burro y yo estaba nervioso, nervioso como en una neurosis de ansiedad o transferencia; la cama era de noventa y muy blanda, y rondaba por la casa una hembra teckel canela con un humor de perros que no perdía ojo, y el padre, que era alcohólico estaba embarcado en un mercante a tomar por culo en puertos misteriosos, y la madre se la montaba con un notario de Punta o un tipo que vendía seguros, ahora mismo no podría asegurarlo. Y en aquella densa oscuridad del estuario pensaba si la estaría metiendo correctamente o contra el marco de la cama o directamente contra el suelo de baldosa. Al mismo tiempo me decía a mí mismo que no era posible, que era un amante experimentado y lo hacía desde los trece años y con una asiduidad que ríase usted de Charlie Sheen y Julio Iglesias. Y mientras mi frustración me tenía atado por los kinders, me debatía en una especie de enérgico monólogo interior en donde repetía una y otra vez que aquello no podía ser verdad, aunque su novio anterior, muerto en singulares y dramáticas circunstancias, también me lo había confesado en la intimidad de su Chevelle SS (o era un Mustang del 65). P. era un tipo inteligente y lo había dicho entre circunloquios y eufemismos como un buen burgués educado, pero yo no dejaba de pensar que si aquello estaba tan cerrado era evidente que no podía ser por otro motivo que fuese otro del que nadie entrase allí, y jamás se me ocurrió pensar que podía ser una verdadera patología y un espasmo involuntario de los músculos que rodean la vagina, más que la peculiar psicología de mi amiga.

Fueron los cinco o diez minutos más largos de mi vida, empujando con mi ariete contra la puerta del castillo en un alarde de pura ingeniería medieval, y nada. Aquello permanecía impune y no se abría ni pensaba abrirse en el tiempo que me quedaba antes de que alguien, la madre o mi conciencia de culpa, me sacara a patadas de la cama.

Pero en esos tiempos, querido amigo éuscaro, yo tendría diecinueve años y en clase no te enseñaban una mierda sobre el aparato genital femenino y menos aún sobre el vaginismo primario o secundario, y los que lo conocían pensaban que era siempre selectivo, aunque visto desde la perspectiva equivocada. Mientras que, por la pinta de su misiva y si no estoy errado, usted debe andar rondando los treinta, y si en pleno siglo de las *Real Dolls* o los robots sexuales con inteligencia artificial todavía no sabe lo que es una mujer estrecha, dicho vulgar y no figurativamente, es decir no una señora prejuiciosa y aprensiva, sino una con las paredes de la vagina exageradamente juntas, debería hacérselo ver, pero no con su psicólogo, sino con su profe de la cátedra de anatomía.

Así que le voy a decir unas cuantas cosas al respecto, y espero que sean de provecho, todas ellas en defensa de las damas y no de un pichafloja como usted, por mucho que sea de la ría del Bilbao. Primero, si yo pillase una de esas ahora mismo, créame que le daría un tratamiento diferente, a base de geles y vaselinas, y en especial con suma delicadeza, muy buenos modales y galantería, y le garantizo que al final ella y pobre de mí saldríamos ganando los dos, por una cabeza al menos, porque créame que allí donde haya una estrecha natural primaria o secundaria, que las amplias se pongan a la cola.

La estrechez no es exactamente una patología ni tampoco una condición privilegiada, mientras que si usted (y me refiero a ella) dilata más de la cuenta no beneficia a nadie, salvo al neonato a la hora del parto. Y debería saber que si el auténtico motivo de su frustración es que su garompa o cigala está floja y no rígida como una estaca en Flandes, es por algunas de las siguientes razones: porque no le gusta la zorra, lo que no es un pecado; porque ha cumplido los setenta y no va empastelado, y dígame quien no lleva hoy en día una azul de Viagra o un Cialis de 20 miligramos entre pecho y espalda; o porque la suya es, y ha sido siempre, una chota floja, desde que Colón pisó tierra junto con el cura de la Santa María que era propiedad de Juan de la Cosa o chota; o porque cuando se pone a hacerlo está pensando en la inmortalidad del cangrejo (decía Miguel de Unamuno) o -como dicen los pobres venezolanos- en pajaritos preñados, y al final se me pone usted abstracto.

Las estrechas, escuche bien Aitor, deberían tener su propio reino o sociedad anónima, deberían tener una plaza en el pueblo o una permanente en el Senado y un sueldo de por vida, porque más que un problema de tráfico o de resistencia al intrusismo es una ideología, y donde haya una estrecha maciza que se quiten las holgadas, porque de ellas será el reino de los cielos, entre otras cosas. Sepa que la estrechez es también una religión, al menos entre los amantes de los polvos difíciles y esforzados, en la línea de enhebrar una aguja, o meter una *quaffle* en alguno de los tres aros del campo contrario montado en una escoba voladora, o llevarse la sortija en el Juego de Argollas sobre caballos criollos en la Pampa. Mientras que los simples que disfrutan dando tumbos y volteretas como locos en espacios holgados, son unos sodomitas y nunca sabrán lo que es amar y sufrir al mismo tiempo, y nunca conocerán la satisfacción profunda y tan varonil de ser portador orgulloso de un lanzón de moharra ancha o de una media pica.

Y también me cuenta que su hermana *euskaldun berri* tiene una teta más baja que la otra, detalle irrelevante por cierto que afecta a una gran cantidad de mujeres pre o indoeuropeas, y que nadie en su sano juicio da un duro por eso. Salvo usted que seguramente tiene una triste visión antropomórfica de la realidad de las mujeres, junto con una mala fe de los cojones, por no mencionar esa actitud bronca y poco tolerante que lo define de un plumazo como un sarasa de mala uva y exaltado. Y pienso que debería preguntarse para que carajo el señor le dio dos manos, la derecha y la izquierda, si usted no sabe escribir ni con una ni con la otra y no se necesitan para hacer abdominales ni bicicleta estática, la zipota o la lucha a patadas, para lo que no hace falta haber escrito antes la *Orestíada* de Esquilo, ni *Medea* o la *Electra* de Eurípides. Me pregunto si no será que Dios le dio al hombre dos sendas manos para poner con una de ellas la teta más baja de su amada a la altura de la otra, y buscar allí el equilibrio que a un zopenco como usted le falta, y a follar que son dos días.

Pero si en algo tiene razón, Aitor, es que quizás sí sea usted maricón y le gusten, aparte de los jerséis amarillo patito, como en mi pueblo en el 68, y los chicos bien formaditos, como antes le gustaban a los clásicos griegos, bien depilados con Veet Gel para hombres, y con unos pezones pequeñitos, y que si las mamas de las mujeres le hacen recordar a las ubres de algunos mamíferos o, a las malas, a Russ Meyer y a pelis como *Megavixens, Mondo Topless* o *Wild Gals*, debería saber que las tetas siempre son asimétricas y una más grande que otra.

Y para terminar, le daré un consejo: no se le ocurra contárselo a sus amigos, a los otros machotes de la ría, y me refiero a aquello de que usted no parece capaz de romper con la punta de la polla una pared japonesa de papel o *Shoji*, no digamos una de piedra del caserío de sus padres, porque eso en Euskadi sencillamente no existe, ni tampoco existe la mujer que aguante el embiste de un auténtico gañan vasco vascongado, ni la mujer que no pueda ser tumbada de una buena estocada, ni en los Siete Reinos ni en Euskadi. Y por supuesto, si lo que usted quiere es no tener complicaciones de ninguna clase especialmente anatómicas, debería echarse una novia que calce un 43 con plantillas y jugar allí dentro al gato y al ratón o a las escondidas, o una de metro noventa con todas las partes de su sagrado cuerpo bien proporcionadas (como usted dice), y dejar a las estrechas naturales u operadas o con el himen intacto o reacondicionado, como los teléfonos de Apple y los ordenadores, para el disfrute de sus amigos indoeuropeos de la Europa indígena y el neolítico, y por qué no, para egipcios y saudíes y todos los otros de origen semítico (que significa estrecho, y no me diga que no le hace gracia) y para mis buenos amigos los judíos, porque a quién no le gusta una mujer que conserve cerrados al vacío todo sus maravillosos jugos.

Dr. Frodo,

Para serle completamente honesto no sé por dónde empezar. Si me pusiese metafórico que no es para nada mi debilidad, tendría que decirle algo así como que vivo ahora mismo ciudad con un serio problema de convivencia y fractura social, un caso de splitting of the ego... y repetition compulsión, como diría usted, aunque es de Freud y aparece en "El lenguaje del Psicoanálisis" de Laplanche y Pontalis. Y ya le digo que si fueran otros tiempos estaría metido yo también entre las grescas de locales y pancatalinistas, en medio del fuego cruzado de espanyiols y franceses, o de las fuerzas de Primo de Rivera y los escamots de Maciá, y con riesgo de que me volaran la cabeza de un perdigonazo. O peor aún, porque los de aquí y ahora, tiran con latas de refresco y adoquines, les falta los baldes de mierda y aceite hirviendo para que se conviertan en las invasiones inglesas en el Río de la Plata, en la batalla de Stirling o en el Sitio de Orleans. Usted dirá que podría evitar los lugares en donde se están dando de hostias o ponerme justo detrás de un policía nacional de los grandes, y todo por ir a tomarme una birra en los 100 montaditos. Pero eso tampoco funciona, porque -y no saque falsas conclusiones por favor- el enemigo está mucho más cerca de lo que usted cree, está en tu propia familia de sangre o política, en la parada del autobús o en la residencia en donde malvive mi anciana madre que para más inri no es de aquí sino sudaca de corazón aunque haya nacido en Barbate, y lo mismo le dan los nacionalistas que el PACMA o el PNC, o cualquier otro Partido de los cojones.

Conclusión. Mi pregunta es cómo carajo tratar a un nacionalista si lo tienes cerca, porque si está lejos basta con pasarse a la acera de enfrente, y que puedo esperar (y lo digo por mi peque que aún no ha cumplido los doce y está a punto de ingresar en el Instituto Nacional, que si me permite es un poco como la escuela azul de la Falange española de las J.O.N.S.). Soy consciente de que lo suyo, Dr., no va de política sino de problemas de conducta y de cosas así, pero pienso que aquí ya no estamos hablando política sino de algo más, y es por ese motivo que le dirijo este email. De lo qué hablamos ahora es del pasado, de reivindicaciones patrióticas viscerales y de tipos con bigote chebron diciendo tonterías como en el 18 en el Comité (que ya lo hacía en inglés) y del Tratado de Utrecht. ¿De qué vamos entonces, quiénes son estos histéricos recurrentes y como vamos, o mejor dicho voy, a tratarlos a partir de ahora, y ni pensar siquiera en lo que está por venir? Porque si los nacionalistas de aquí y de allá, los que vienen de los griegos y cartagineses y de las tribus indigetes del Ampurdán, y los que vienen de

Gracias Llanis, interesante nombre, por cierto. Con un nombre así usted podría ser independentista también, aunque muchos sean del linaje de los López y los Ruiz. Gracias digo, porque estaba un poco hasta las napias de hablar de sexo con mis anteriores analizantes, que a veces uno tiene la sensación de que el personal no piensa en otra cosa que en coger, como se dice de dónde vengo yo. Cuando lo que se dice *coger*, un poco como los micronacionalismos violentos y con mala retranca, es cosa del pasado y está demodé. Ser nacionalista hoy es como sacar a Messi del 10 y poner a un payés de la comarca del Berguedá, es como renunciar a las sondas espaciales, a la cosmología y al estudio del universo y dedicarse full time a hacer castillos humanos con los vecinos del pueblo, a bailar en círculo en diez *tirades* y moviendo suavemente los pies, o directamente a meterse un fuet o una butifarra de perol por el culo y sacársela después.

Estoy perfectamente al tanto de lo que pasa en su ciudad (imagino que de adopción), y créame, no me da pena ninguna, sino una vergüenza ajena que resulta difícil de soportar. Es tal el empacho y el rubor que me ocasiona que, he estado a punto de no decirle que yo también vivo aquí, al menos ocasionalmente, y todavía me siento incapaz de hacer una representación intelectual de esta *sort of a mess...creepily paternalistic and out of tone,* que diría un autor que yo me sé.

La estupidez y la cortedad es de tal magnitud que; uno, me resulta imposible ni siquiera conjeturar nada aproximadamente inteligente sobre esta cuestión; dos, que siento un curioso oprobio inmobiliario por ser propietario de un inmueble en territorio nacional, cuando podría estar en París; tres, de haber probado una vez sus panellets y la escudella con sopa de galets y pilotas. Y si todavía hay gente que a esto lo llama política, cuando en realidad es una especie de fiesta familiar con los abis y los nietos, tres generaciones de mujeres con la estelada sobre los hombros como si se tratase de la capa de Supermán, y a los más jóvenes les da de repente por tirar adoquines, pedruscos y mampostería y poner barricadas e incendiarlas después, es que hay algo que no funciona bien. Es indicio de que estamos frente a una mezcla ridícula de violencia, chuminada, insensatez y sentido común, como mezclar lejía con amoníaco o con alcohol en gel, todo bien aderezado con los clásicos adaptados de TV3. Y cuando aquello se junta, ya nadie sabe lo que puede pasar.

Ellos dicen que lo de Puerto Rico y Georgia empezó así, lo mismo que lo de los escoceses y los quebequenses, y luego terminó con una sociedad modélica, por ejemplo, como la de Serbia o Montenegro, o el Flandes de Bart de Weber, el gobierno de Trump o Bolsonaro, y dicen que la revolución francesa empezó así, aunque un tiempo después vino lo de Pétain, que además de un buen soldado fue un buen traidor. Y lo dejo aquí, porque las comparaciones son odiosas. Pero le aseguro que esos modosos afrancesados catalanes anabaptistas y sus falsos amigos de la Franja de Aragón, Andorra, Alguer, el Carche y el Rosellón, querido Llanis, esos cabrones me están dejando el hígado encebollado y más hipertrofiado que un foie.

Éste es el contexto, ahora le contaremos la verdad. Media sociedad en ebullición que no sabe exactamente hacia dónde va, pero que le da igual, porque está en sus genes y en el de algunos patriotas vandálicos psicosomáticos que reivindicaron más o menos lo mismo que sus fantasmas de ayer, cuando el personal andaba en carreta por la vía Layetana, suponiendo que ya estuviese allí. Una ideología reprimida, rústica e incapaz, en donde todavía se niega que ser nacionalista no es lo mismo que no nos quieran aquí. Una sociedad de zombis coreanos como los del *Kingdom,* de Seong-Hun, que tiene una pinta bizarra y como con demasiado frenesí. Como si dos millones de personas anduviesen muy cabreadas porque a todos le mataron a su hija y a su mujer, igual que a Clyde Shelton, en *Un ciudadano ejemplar.* Una demisociedad microestatal que es un caldo espeso y explosivo de fatuidades, ignorancia y falso orgullo burgués, bien untado con un racismo *moderé* y un montón de mentiras e hipocresía con las que pretenden engatusar a los demás. Es un planeta jodido en donde no se reconoce que los malos son ellos que quieren ser los amos, propietarios de la tierra y con derecho de pernada, y nosotros, los pobres y comemierda constitucionalistas que no somos de aquí, sus siervos, con derecho a doscientos gramos de pan y un poco de sopa dos veces al día como en el gulag ruso o Buchenwald, pero siempre bajo la tutela del saber estar catalán, y a callar si no quiere que le hinchen a hostias a uno, simbólicamente hablando claro está.

En el Diccionario de Pontalis, que para mí inmensa alegría, acaba de citar, eso podría llamarse, además de *splitting* y repetición, como bien dice usted, histeria traumática y colectiva o de contención, y le aseguro que no hay terapia que ponga a esos mamporreros en su lugar. Y sepa que un día terminarán clavándole un cuchillo o navaja de Solsona o de Ripoll, o metiéndole un plomo al pobre archiduque Francisco-Fernando otra vez y empezando una nueva guerra mundial (aunque el auténtico motivo haya sido el espíritu nacionalista que se extendía por Europa en el diecinueve), sin muchas ganas quizás y sin saber bien porque, y les quedará una cara como la que ya tienen algunos de sus líderes políticos que me abstengo de nombrar, y que está entre Carlos Balá y Hollande, Paco Marhuenda y Kim Jong-Un. Por no hablar de sus mujeres nacionalistas ellas también, que han dejado sus despachos en el ayuntamiento de atención al ciudadano, al inmigrante subsahariano y al marroquí, para pasar a liderar una cantidad concupiscente de anti heroínas como ellas, tales que Elisenda Paluzie y Laura Borrás, por ejemplo, que lucen cierto parecido ellas también con la Tota y la Porota, y la otra, la que está en la lata, con Olivia, la novia de Popeye.

Me temo, querido Llanis, que estamos a un paso de que esto se convierta en un reinado breve y caótico como el de Antoine de Tounens, rey de la Araucanía y la Patagonia o Reino de la Nueva Francia en territorio mapuche. Les queda un Telenoticias de TV3 para que se convierta en una neurosis colectiva como ocurrió con los nacionalismos sanguíneos y todos los demás, y la poca convivencia resiliente se vaya a la mierda con un montón de muertos por lesiones en la cabeza con pan de poble, llonganissa catalana o butifarra de Perol.

Y quizás lo mejor que podía hacer, Llanis, es regresar a Canarias, en donde los nacionalistas se la toman con calma y van chino chano. Y que yo haga lo mismo, pero a mi propio nacionalismo en el noroeste que es también muy peculiar, y los gallegos prefieren antes que quedarse *in situ,* en su aldea o montarse una patria chica en Elizabeth, New Yersey, a tiro de piedra de los Soprano que esos sí eran nacionalistas de verdad. Pero nunca más en Argentina en donde el nacionalismo se ha metabolizado en algo peor, en tres mangos para la chabola y en vivir sin trabajar, que es más o menos lo mismo que los catalanes nacionalistas buscan, pero en clave de sol.

Es la revolución de los sillones, querido Llanis, y ahora toca mezquinar y agarrarse a las propiedades de los demás, y a eso a los catalanes no hay quien les dé gato por liebre, como al Magallanes del beisbol venezolano, que fíjese como está, ellos y él, *hereus* de un nacionalismo de alto impacto precapitalista. Lo mismo que le pasa a la patria de uno cuando sus políticos deciden jugar a la nave de los locos, y que Chávez, o Macià para el caso, se les aparece con forma de pajarito y le habla con *silbido bonito* que incluso los dos son capaces de imitar.

Y respondiendo concretamente a sus preguntas, le diré que en respuesta a *de qué carajo van*, van de listos y de piolas, de compadritos y fanfarrones, y si no fíjese en Guardiola y Piqué, que con un testaferro y una o varias cuentas en un paraíso fiscal, cualquiera es nacionalista, porque no hay mejor garantía que ser uno de ellos para que no te toquen los cuartos. En cuanto a *quiénes son*, sepa que no son sólo los que salen a la calle a pegar hostias o los demás o a desfilar con sus banderas tricolores con la familia los domingos y que son capaces de llegar pateando desde Nuria o Molló hasta el Ensanche barcelonés, porque caminar y montar en bicicleta, como ya sabrá usted, son deportes nacionales políticamente santificados por la Generalitat, sino que los más peligrosos son los que se quedan en casa viendo las noticias de TV3, que es un poco como la VRT o la RTS, y contando *els diners*.

En cuanto a *cómo tratarlos*, trátelos como le venga en ganas, como le salga del orto, pero en ningún caso se achante o se quede callado, o les dé la razón para no discutir… debata, defienda su posición, aunque si encuentra que no están a su altura, y si a Balá le sale como un rictus enajenado en la comisura de la boca que no es lo suyo, o a Torra una mirada maligna como cuando hablan de su incapacidad, pase de ellos, ignórelos, porque a la hora del juicio final (el del procés) de los humildes será el reino de los cielos, y todos ellos terminarán yéndose a una isla como St Kilda, en el archipiélago escocés, fruto de la donación de Nicola Sturgeon, o a Gaiman y Trelew, en Chubut, como los galeses, o los pawnees y cheroquis a sus reservas. Y lo que se dice esperar, me temo que no espere nada bueno, que cagarse a pedos entre unos y otros es como se ha hecho siempre en la historia de la humanidad, aunque el que empieza y tira la primera piedra es siempre el malo de verdad.

Estimado Dr.,

Perdone la insistencia, pero es que me he quedado sin poder dormir leyendo su respuesta al analizante anterior. Soy consciente de que la política no es lo suyo y mucho menos los problemas comunitarios autonómicos, saber si el personal puede contar con un auténtico país o uno virtuoso -como les gusta a ellos- o virtual como le gusta a los millenials de la nieuw land, o uno al menos de mentirijilla sólo para que los cargos electos se lleven los dineros públicos y el pueblo se quede a butifarrar. Sé que si nos ofrece tan generosamente su tiempo no es para resolver problemas de convivencia que no son precisamente científicos. Ahora no sé si me estoy expresando bien. Quiero decir que lo suyo son más los problemas personales que no los de toda una sociedad, aquellos que tienen que ver con las patologías corrientes como las que uno tiene en casa. Sé que lo que le planteo es harina de otro costal, es como pedirle a John Forbes Nash la receta del hornazo o el botillo de León, o a James Bezzos que te haga la compra en el mercado del martes de Palamós. No obstante, en mi caso, puedo garantizarle, y no me importa lo que digan los demás, que lo que nos está pasando, al menos a mí, se ha convertido en un problema personal, y cuando, como algunos iluminados ya dicen por ahí, si tiene usted más de tres o cuatro millones de problemas personales juntos, tiene un problema social. Motivo por el que me gustaría saber qué opinión le merece todo este asunto catalán, quiero decir qué cosa fue antes y como empezó, o como siguió después y si terminó, aunque es evidente que no terminó, porque el odio, la frustración y la rabia contenida que veo por ahí ya empieza a preocuparme. Quiero preguntarle si algún día va a terminar, o si por el contrario se va a cronificar y convertirse en el primer libro del Génesis, cuando Caín mató a Abel, por una cuestión de impuestos y falta de empatía. Sería usted tan amable Doctor de decirme de qué va en realidad todo esto, de que ha ido y de que irá, y si alguien como usted puede arrojar alguna luz sobre un malentendido que no es que vaya a terminar mal, sino que ya terminó, y que al mismo tiempo es evidente que no va a terminar más, y todo vaya a quedar un poco como en aquella película y mejor novela aún de The Road.

Abraham, por email

Vale, Abraham. Sólo por esta vez, y como diría Sacarlet O`Hare: *a Dios pongo por testigo que … nunca de esto volveré a hablar.* Pero tenga presente, por favor, que mis juicios en materias de naturaleza nacionalista nunca son políticos, tampoco sociológicos o antropológicos -que ese día no fui a clase, como se suele decir- sino psicológicos, en el mejor de los casos, y propios del *hack writer* que declaro ser. Estoy hasta los higadillos - corte y pegue con los pedazos del analizante anterior- de esta oscura y obtusa liturgia de momios que no hacen sino repetir hasta el cansancio lo mismo una y otra vez sin pararse a respirar. Pero de todos modos le voy a contestar, porque el suyo, le guste o no a los cuáqueros microestatistas de esta región, es uno de los nombres bíblicos de mí predilección.

Voy a ser breve, querido Abraham, pero, para empezar, todo depende de a quién lee usted cuando quiere saber algo del origen del mal. Si lee a los rabinos, a los reformistas franceses o a los agustinos de la asunción. Aunque no pierdo la esperanza de que después de esta breve cháchara se haga usted miembro de mi *Club, The Grub Club.* Y que sí, que como dicen los curas y algunos pederastas, al final puede que todo sea un simple problema de interpretación. Pero antes de llegar a tan dudosa conclusión, le diré un poco lo que pienso en relación a ésta, llamémosla ... *paradoja cultural, mímesis colonial y civilización inversa* ... y no lo digo yo, lo dice *Digithum* y el Prof. Guarné de la OCU, que es catalán, aunque allí se hablase, para sorpresa de muchos, de monos y japoneses, vocablos, por cierto, que no riman nada.

Se dice que siempre ha sido y es un problema político y no judicial, y se ha dicho que hay que sentarse a hablar, aunque nadie sabe exactamente de qué, y los primeros ellos, porque es más o menos lo mismo que el que tiene la faca te diga que nos sentemos a conversar pero que primero le des la tela y el tacho y que luego va a hacer contigo un secuestro *exprés*. ¿De qué, de la inmortalidad del cangrejo, del puchero con papas *vamo* (jerga popular) a hablar? O quizás de aquél otro asunto mucho más viejo entre los franciscanos y el pontífice y la pilcha que los apóstoles deberían llevar. Le diré que, aunque todo sea verdad, hay problemas que no se arreglan diciendo tonterías sino pasando directamente al degüello del rey, al de su hijo y al de su madre también. Y ellos, los nacionalistas, ya lo saben, aunque han preferido a la Browning y la goma dos, costumbres más de los sesenta y de activistas blandos, tal que John Lennon y la República de Platón, han preferido, decía, tirar patitos de plástico a las fuentes o globos de pintura con aviesa intención, como en la fiesta de la primavera india o *Holi*. Porque al día de hoy hay muchas formas de morir y desear la muerte de los demás, y no es todo *Walder Frey, la comadreja*, de la casa Frey, y que te acuchillen por detrás.

Me pregunta cuando empezó todo. Y yo le digo que, empezó cuando empezó todo también, supongo que, en el primer libro del Génesis, como bien dice usted, y por qué diablos el peque mató al primogénito, que era Abel, cuando ambos compartían la misma genética y no había todavía muchos más primos en el árbol genealógico de tan calamitosa nacionalidad. Y si fue por envidia, hay muchos que dirían que los catalanes no fueron exactamente los últimos en pillar. Y fue en esos tiempos que empezaron muchos otros odios también y de parecida filiación -que me abstengo de mencionar- dependiendo de si eras de Edén de arriba o de abajo, y si estabas de acuerdo con el asunto de las ofrendas y *el tres percent.*

Y me pregunta qué fueron o eran entonces, si un condado o un ducado o una modesta casa medieval como la de Frey, y yo le digo que no tengo la más puñetera idea de lo que fueron o siguen siendo hoy, pero yo lo veo más bien como una vieja rencilla entre unos cuantos condados rurales y pequeños propietarios o *aloers* contra los pesos pesados de Castilla y los oficiales del rey, que mejor de Pau Claris, franceses y de Luis, que españoles y de la Casa de Borbón. Es eso o cualquiera otra cosa que le parezca a usted, una vieja fantasía o una ensoñación neurótica. Pero lo que

importa de verdad, Abraham, son las formas, y es allí
donde ellos fallan estrepitosamente, si me permite
decir.

Y si quiere saber qué es ahora, en este preciso
momento, no tiene más que mirar por la ventana de su
piso en la Dreta de l'Eixample, por ejemplo, y ver allí a
un montón de peña dándose de leches, robando un poco
de aquí y un poco de allá, quemando contenedores,
comiendo cocas dulces y saladas de origen carolingio, y
ni un solo catalán del imperio nacional vestido con
calzoncillos de lino, petos y espaldares de caballero
medieval, y no sé si entiende lo que le quiero decir.

Y también quiere saber si todo el asunto ya ha
terminado o no terminará jamás. ¡Qué pregunta
Abraham¡, nada termina, sino que todo vuelve a
empezar, y van a seguir así hasta que se le caiga al pelo
a ya sabe quién, pero cambiando según como vengan
dadas, las pelotas de plástico por termita y los patitos
por bombas lapa o goma 2. Pero de lengua jamás, eso se
lo dejan a Conrad y a Navokov, por citar sólo dos,
porque la lengua en ese país es el santo grial. ¿Cómo si
no habrían de entenderles los buenos payeses que no
saben otra y ni siquiera escribir la suya? Lo mismo les
pasaba a los gallegos del rural, y muchos ya se pasaron
al inglés, aunque con un fuerte acento celta de acá, que

no irlandés. Y a los que cambiaron de casa, de San Roque y San Fernando, Badajoz, a Nou Barris y Ciutat Meridiana, Barcelona, y siguen todavía allí, les sugiero que olviden la suya oficial y las jergas locales también, y que conserven sólo sus acentos, porque de lo contrario los veo ardiendo en los fuegos del Castillo de Calonge o en el de Montgrí.

Y me dice que quiere saber también, mi querido preguntón, como será su comunidad en un futuro no muy lejano, muy bien, pues eso se lo digo yo, que no soy de aquí ni de allá, y más claro, *La Cumparsita*. El futuro, como usted también anticipa, será un poco, metafóricamente hablando, como el barren land de *The Road,* pero no tan acogedor ni con tantas carreteras pavimentadas, conservas en lata, cereales y mantequilla de cacahuete, sino todos hundidos hasta las rodillas en caca de gorrino en un lodazal, y pensando que mejor tener algo que sea de su propiedad y del clan, sin importar su valor real, mejor que caminar y tener que comerse la mierda de los demás, porque siempre les quedará la *calzotada*, el pan con tomate, el pollo al *ast* y otras chuminadas, además del abono natural que ni Cormac McCarthy se podría imaginar la peste que da.

Hablando en serio, Abraham, el futuro nacional, simbólico, virtual, digital o *fake*, que tanto da, será como querer cagar y no poder. En mi oficio lo llamamos retención por psicosis identitaria aguda. Con un montón de gente buena y otra no, y otra ni tanto ni tan poco, y eso sí con una nueva clase política emergente reclamando ellos también su *tres percent,* que ahora será probablemente un diez. Será igual que el futuro de todos los demás, al sur y a poniente de sus fronteras, y probablemente peor. Pero con sus singularidades claro está, de las que algunas le voy a hacer, si me permite, spoiler.

Para empezar una especie de aprensión o rechazo de aquél que no hable su romance local, mezclada con un evidente distanciamiento poco cortés, una actitud ensimismada y pastoral hacia los extranjeros que vivan aquí, y la felicidad de haberse librado de la larga opresión y maltrato que han venido soportando desde tiempos de los borbones restaurados, desde la dictadura de Franco primero y la de Rajoy después. Felices por recuperar la libertad que habían perdido no se sabe bien cuándo ni por qué, y libres de la dictadura sin dictador que sólo ellos ven, no se sabe bien dónde ni por qué, si en la cocina, en el granero o en el salón. Y felices aún más porque ahora podrán seguir guardando su dinero en bolsas de basura en un agujero bajo los suelos de toba de su *Mas.* Y en familia como deber ser, y las cuentas andorranas de Adbank y el BPA para la Marta Ferrusola, las del Banco Madrid para Martita, Mireia y Pere, las offshore en Panamá, las Isla Vírgenes y Guernsey para Jordi, el primogénito, y para el pare y señor, la casa de Queralbs. Y todo envuelto como en una bruma espesa de candor e ingenuidad, embrutecimiento y mala fe, que es lo que les pasa a los que no les gustan los demás. Pero, pase lo que pase, Abraham, le digo: *"Frankly, my dear, I don`t give a damn."*

Dr. Frodo,

Now be honest, Frodo, y dígame, por favor, la verdad y sólo la verdad, aunque vaya usted por su cuarto y posiblemente último matrimonio, que tampoco es para echar cohetes, que Bellow llegó a los cinco y al parecer sería en el último en donde encontraría por fin la paz, algo de confort y la posibilidad de replegarse después de un largo periplo de custodia y labilidad de la que hacen gala las implacables acompañantes de escritores por muy insoportables que sean. Lo que me gustaría saber es si usted comparte lecho o cama con ella, me refiero a la cuarta, (Bellow imagino no compartiría ni la mezuzá, ni su jalá ni sus huevos duros), o si duermen ustedes en camas separadas o incluso cuartos separados, como muchos reyes y reyezuelos y matrimonios diezmados con sus respectivos acuerdos de divorcio firmados. O, mejor dicho, lo que me gustaría saber es si el hecho de dormir separados es necesariamente fruto de desavenencias que desaconsejan la proximidad, o una conducta aparentemente natural entre parejas desarrolladas con un cociente intelectual alto y consecuentes con la evolución entre sujetos por definición individuales y con un deseo perfectamente racional de no confraternizar - por no decir incurrir repetidamente en una especie de promiscuidad intimista injustificada- en exceso. Tema, que como usted habrá observado, el personal no se muestra por lo general proclive a comentar, pero que yo considero sino de una gran importancia, si de relevancia, aunque más no sea anecdótica. Y ahora, be honest, Frodo, y dígame si me equivoco.

Simón, por email

Doctor, si no le importa, mi estimado Simón -y es la segunda vez esta semana que lo tengo que decir. Frodo a secas suena un poco como a Peter Jackson y a la Tierra Media, que no son precisamente santos de mi devoción, y yo, por cierto, calzo un cuarenta y tres, en perfecta consonancia con mí 1.73. No, no descalifico su pregunta, y sepa que, en cualquier caso, siempre soy honesto en mis respuestas. Por lo que me toca, plantea un caso muy extendido de cohabitación forzosa o rutinaria que tiene poco que ver con el deseo de cada uno como persona, y muchas veces está relacionado con una patología, probablemente inofensiva, vinculada al desarrollo inadvertido de una dependencia irracional emparentada con los problemas de conducta, por ejemplo, de algunas mascotas que mucha gente tiene en sus casas.

Me pide honestidad, y no voy a ser yo el que se la niegue. No. No duermo en la misma cama con la mujer de mi cuarto matrimonio. Y eso no debería precipitar ninguna conclusión apresurada, porque de hacerlo es seguro que esta decisión compartiría naturaleza con el problema mismo. Yo no comparto la cama con mi mujer. Ignoro si Bellow lo hacía, habría que habérselo preguntado durante el segundo o tercer matrimonio, en el quinto ya estaba a la altura del Rabino Schmuley Boteach, y no le daría a usted la hora si se la preguntase. No obstante, quiero pensar que no, definitivamente no. Bellow siempre utilizó a sus mujeres literariamente y en ningún caso mantuvo con ellas otra relación que no fuese estrictamente circunstancial, y ante la falta de pruebas supongo que puede usted a conciencia declararlo inocente de los cargos que se le imputan y libre de toda sospecha de haber compartido su lecho, al menos con su última mujer oficial.

Pero eso, mi buen amigo, no quiere decir nada. Le ruego que haga un simple esfuerzo de abstracción y piense en cuáles son las ventajas de dormir en una misma cama con otra persona de diferente género que ronde los sesenta kilos, por decir algo, no digamos si usted se acerca a los cien como Cyril Connolly o Roger Lewis, y ella ha sobrepasado el límite de lo estéticamente permitido entre las conyugues convencionales por Vogue o Elle Magazine, con la excepción quizás de Ginny y Johnny Sack, de *Los Soprano*. No digamos si se trata de dos obesos del mismo género tratando de circular colectivamente por un espacio de metro cincuenta como es tradición en las culturas europeas, o por uno de dos metros incluso, sin crear un desafortunado malentendido disfuncional durante el sueño con el riesgo inminente de que uno de los dos termine al final cayéndose de su pequeña cama con riego de su integridad personal.

Probablemente si se tratase de dos personas delgadas o extremadamente delgadas de un mismo o de diferente género, no se plantearían los problemas que acabo de mencionar, pero no me negará usted que en este caso particular existe el riesgo de que ambos entren en el abatimiento de una triste soledad anoréxica y la pesadumbre de un desafortunado patetismo que podría ser fácilmente evitado si ambos durmiesen en camas o incluso en habitaciones separados.

Mire usted, por ejemplo, la arqueología antropológica, la historia de los fósiles durante las culturas del hierro, o dígame si antes el cromañón o el neandertal dormían pecho con espalda con sus respectivas. O los bosquimanos para el caso, si estos peques lo hacían o lo hacen en plan papá y mamá con las suyas. Fíjese en las tumbas egipcias si quiere, en el Valle de los Reyes, y dígame si se ha encontrado alguna vez un sarcófago doble o king size, porque, aunque los faraones y los nobles fuesen enterrados en ocasiones con un montón de gente, puede estar seguro que siempre mantenían con los otros fiambres una distancia prudencial, y bastante más de lo mismo ocurría con los emperadores chinos, seguramente, y con los mogoles en la India subcontinental.

Mire a los reinaldos ingleses o franceses, a las monarquías más fetén, y dígame si esos cabroncetes dormían con sus mujeres alguna vez. Supongo que ocasionalmente dormían con sus putas, y le aseguro que no se trataba de una acto voluntario o deliberado, sino fruto del agotamiento por fornicar en exceso o el vino que se habían pimplado la noche anterior y porque estaban más borrachos que un irlandés el día de San Patricio. Lo mismo pasaba con los turcos y los otomanos también, que tenían sus harenes a buena distancia y después de un polvo o dos, y un montón de baklavas, pastelitos de almendra, delicias turcas, maamouls y royos de guayaba, fletaban a sus consortes y las mandaban a apolillar con los eunucos, que no por mucho curtir amanece más temprano.

O mire la naturaleza misma, su fauna local si vive en el campo, o a sus mascotas, o a los chuchos cuando están por la labor si vive en el *banlieue*, o mire a los grandes mamíferos de aquí y de más allá. Has visto usted acaso compartir lecho a dos cachalotes o ballenas jorobadas, o a dos osos grises de las tierras altas echarse un casquete o quedarse a hacer edredoning con la *ursus horribilis* en el bulín; ha visto alguna vez a dos jirafas tumbadas en el suelo con el macho rodeando a su hembra con una de sus patas de metro y medio y su cuello de tres en un abrazo cariñoso. Se ha fijado acaso en alguno de esos mamíferos pinnípedos de tres mil kilos, y dígame si ha visto que compartiesen espacio con alguna de sus hembras de seiscientos, a un elefante marino digamos, echando un sueñecito tête à tête con su *mirounga*, como se dice en ciencia. No. Por no ver no ha visto siquiera dos primates durmiendo juntos en la misma rama, salvo que se tratase de la segunda o tercera entrega de la trilogía de la Fox.

Ha visto usted a las abejas reinas dormir con sus machos; o a Diana de Gales, hija del VIII conde de Spencer compartiendo el Flex con Carlos de Gales, el maduro heredero de la Casa de Windsor, o a cualquiera de les caretas de nuestra cortina aristocracia. Y dígame si no apostaría a ciegas que todas y todos estos densos preferirían su viscoelástico de muelles embolsados antes de tener que aguantar el pedal de su ortiba y correr el albur de que la empomen por detrás, o tener que aguantar los efluvios de la crema de noche de la parienta, de su propia Lady D., de su propio bagarto personal, y le aseguro que a los cabezas y a los chetos les pasa exactamente igual.

No se ha fijado, querido Simón, que ni el conde Drácula de la *Hammer* era propicio a torrarse en el mismo cajón con sus novias, Freda Jackson e Yvonne Monlaur, si no recuerdo mal, que una cosa es armar la gresca en Transilvania y otra muy distinta echarse luego un sueñecito reparador a solas cada uno con su circunstancia sin que nadie le moleste.

O se imagina usted a las estrellas de Hollywood esperando uno a que el otro que haga sus abluciones y deposiciones en el baño en suite de la habitación principal, mientras los pibes descansan con la peruca a decenas de metros de allí, y tiro porque me toca. Se imagina a Angelina Jolie, es un decir, orinando profusamente en su váter japones mientras su ex, el gallardo Brad Pitt, espera impaciente y moviendo los pies sentado en el lecho matrimonial impaciente por pillar el viorsi y dejar allí las flatulencias e inesperada deposición de su langosta Thermidor recién salida del *Catch* de Santa Mónica.

Vale, es probable que algunas bacterias duerman juntas, pero no tenemos nada que acredite semejante despiole, en tanto es bien sabido que los microorganismos en general hacen lo suyo a una escala microscópica y a resguardo de escritores fisgones y refitoleros como el que les escribe. Quizás las serpientes a la hora de comerse a la chica, pero dígame, querido Simón, qué tienen que ver las serpientes, incluso en los saberes ocultos de su cábala, con los ingenuos devaneos de los enredos románticos y los traspiés habituales del lecho matrimonial.

La gente educada no comparte lecho por una serie de motivos que usted mismo puede imaginar. Y le aseguro que no tiene nada que ver ni con el deseo de satisfacer o no su apetito sexual, ni con el amor por supuesto, que en tal caso sería un rasgo de incredulidad, como si el amor reclamase una especie de proximidad ergonómica de carácter radical y permanente con el donante, sin tener en cuenta la comodidad de dormir solo y no tener a la chepa un grandullón de cien kilos aplastando su costillar y la falda, o la frágil femineidad de su pareja, según el caso. El sueño no es un espacio lúdico, no es afectivo ni sexual, es como la pupa de un lepidóptero, como la *criocabina* de Aurora Lane, es una célula de hibernación doméstica para un viaje de corta duración. Y al mismo tiempo un lugar de distensión y esparcimiento, o fantasías nocturnas para algunos; y para otros, un pequeño tormento de pesadillas insomnes en donde el durmiente se debate en una continua contracción y descontracción del cuerpo atormentado por sus fantasmas.

No, querido Simón, la cama no es un espacio de placer compartido, no es un lecho de rosas para los amantes, el amor no pasa necesariamente por la higiene compartida o la esterilización de nuestros peores hábitos corporales y toda clase de sudoraciones, olores personales, emanaciones involuntarias y ocupación del espacio vital del otro durante el sueño. Es el lugar por excelencia introspectivo donde yacemos a solas con nuestro muñeco, *not really pron to intimacy.*

Dr. Frodo,

Please fix me, Doc, fix me!

Marcello, por email

Oh, Marcello, hopefully you don't have nothing to do con el compositor veneciano, diletante, por cierto, ni con el pobre Vivaldi, *il prete rosso,* concertista de *La Serenísima* (República de Venecia), que no La Serenísima de Mastellone y Aiello, eternos rivales de Sancor. Entiendo que lo que usted me pide es una revisión, cambio de aceite, filtros ... ya sabe, para el correcto mantenimiento de su buga, y no se trate un problema de *need of punishment* o *sense of guilt*, sino más bien una mierda de vida en general y unos cuantos años a la chepa, algo así como lo de aquél pobre Gustav von Aschenbach con su maquillaje de polvo de arroz y sus tonos rosas pálidos (Dirk Bogarde) en *Morte a Venezia* haciéndose bochos pecaminosos con Tadzio en el decadente Lido de principios del XX.

Pues, déjeme que le diga, Marcello, que no es el único, que hay mazo peña en la misma o peor situación, si es que eso le sirve de consuelo. Pero, para empezar, y mientras lee estas cuartetas, le sugiero que piense en cosas de diferente naturaleza, cosas como que las estrellas, por ejemplo, *are made by heated gas,* o que la

Fundación del Athletic tiene un Club del Libro, un festival y una web oficial, piense en los depauperados pobres venezolanos y en los chilenos o bolivianos que viven en sociedades la leche de desiguales e injustas, gobernados por sus hermanos amerindios o blancos germanizados, por los *aymaras* o las élites pálidas de la ciudad.

Y si lo suyo, cambiando de tercio, es un problema de pareja, que ahora sí pero después no, o que ella se lo hace con su profe de *hatha yoga* por delante y por detrás y en plan físico y mental, con el rufo y la divinidad; o si se trata solamente de su aspecto personal, su calvicie prematura o los veinte kilovatios que se pasa de su peso ideal, o que la tiene pequeña y con una doble curvatura o comba; o si su problema es que los mil doscientos brutos de su sueldo en la Agencia no le alcanzan para pagar ni el billete de diez y la mensualidad de la colmena y hacerse de pascuas en viernes un restaurante, algo que no esté en la línea de los bocatas que preparan los de Òmnium Cultural, un decir, y más en la de Jordi Cruz y su *bodega con más de mil referencias*. Si su problema es que todo eso sumado viene a dar lo mismo que una raíz cuadrada con decimales, una mierda de expresión matemática fuera de currículo que no se parece en nada a las expectativas de una vida mejor que atesoraba usted en un rinconcito de su corazón, probablemente a cuenta de lo sobreprotegido que estuvo siempre por su mamá, ya le digo que la cosa pinta mal, peor que un tiroteo en un ascensor.

Por lo que, sin siquiera una segunda reflexión, ya le digo que su solución es desmontarlo entero y volverlo a montar, psicológicamente hablando, claro está. Y estamos hablando nada menos que de dos sesiones semanales de cuarenta y cinco durante probablemente cinco o seis años, y a doscientos pavos la sesión, circunstancia que tengo la sensación nunca podrá afrontar. Y con un poco de suerte, un par más de posibilidades sin coste adicional: la primera, que se lo haga una vez al mes a cargo de la Seguridad Social, con su médico de familia y en sesiones rápidas de cinco minutos, y en la medida de lo posible sin que se enteren de lo que están haciendo ninguno de los dos, ni usted ni él, y como refuerzo una dosis regular de ansiolíticos como el Diazepam, el Lorazepam, el Aprazolam o cualquier otra benzodiazepina. Y si después de eso sigue sin saber dónde ir, siga en la dirección en la que lo lleva el caballo.

Y la segunda, hágaselo usted mismo, con paciencia y un palito, poco a poco, *pèu a pèu*, un rato al levantarse y otro antes de irse a acostar. Búsquese de ser posible una serie de prebendas de origen familiar, o en su ausencia unos cuantos consejos que pueda acompañar a voluntad con un mantra o el sonido de los cuencos tibetanos, y espere que las cosas vayan a mejor. De acuerdo, no es una fórmula nueva, la usan los indios pobres en su largo transitar por la más humillante y absoluta precariedad, y un montón de budistas en el sudeste asiático, la usan en Vietnam, que después de las dos guerras de Indochina se les ve más contentos que un gordo comiendo tamales. Y la hemos usado, aunque de otra manera, en Latinoamérica más de una vez, en Uruguay y en Argentina, que son y han sido un poco como dos de los siete reinos más progresistas del subcontinente, y mire como les fue; y la han usado los rusos, como no, durante más de veinticinco interminables años de estalinismo flagrante, y si no me cree, léase *The Whisperers*, de Orlando Figes.

Desmontarse y volverse a montar, regular y sistemáticamente, una vez al día o semanalmente, desatar los nudos que atan su cuasi nula identidad al discurso del otro, y ajustar los tornillos que unen los diferentes niveles de su malestar, ya sabe, el yo con el ello y el super yo, o la puta que lo parió, sin dejar de buscar referencias a su alrededor, porque de la miseria de otros es que viven los que viven mejor, sea ya psicológica o económicamente, o ambas. Y esto es lo que en teoría psicoanalítica y en tiempos del análisis marxista se llamaba alienación, y hoy se llama iPhone o Instagram, por ejemplo, o teoría del juego. El sofisticado artificio por el que la gente busca soluciones para su equilibrio personal en cosas tan cosificadas y vaciadas como su dispositivo personal o las redes sociales, que no son ninguna cura sino la enfermedad en toda su magnífica y extraña ultra dimensión, la misma patología doméstica que siempre hemos tenido, pero esta vez multiplicada exponencialmente por un número incalculable de usuarios que disfrutan cada vez más de una más o menos idéntica condición.

Y para serle sincero, estimado Marcello, existe una tercera posibilidad, pero no parece sea la más adecuada para usted, que llamándose Marcello, como Donato se llamó Donato, o Zarlino, Zarlino, llamándose como un jodido compositor veneciano del XVII podría haber hecho ya algo de música de capilla, algo polifónico, barroco u operístico para la Escuela Veneciana de su pueblo o ciudad…pero ya ve, hacer lo que se dice hacer, nunca ha hecho un carajo por su propia cultura o la de los demás. Y aunque no se lo crea, escribir unas líneas también ayuda, pero no es tan fácil como pueda parecer; o el expresionismo abstracto que sale bastante bien, o que se dedicase a usted al arte moderno conceptual y se fuese a vivir a un lugar como Suecia, en donde la peña está rayada pero de esa manera cordial e igualitaria y moralmente ajustada de la que sólo ellos saben el relato, y para los que el arte hoy es cualquier cosa, especialmente si está hecha por un migrante tercermundista o refugiado que haya llegado a sus fríos pagos en busca de una buena dosis de sociedad del bienestar y un análisis muy sueco, expeditivo y corto, pero con un montón de referencias, incluido en sus clases de *svenska* y pagado por las instituciones públicas, como suele ser habitual en estos sobrios paraísos de frustración y angustia elevada al rango de categoría social.

Marcello, como ya se habrá dado cuenta no soy yo el que lo vaya a arreglar, o *fix*, como le gusta decir, que, si se tratase en cambio de *fizz*, de Gin Fizz, por ejemplo, ya mismo le diría que se todo se arregla con tres partes de ginebra (Tanqueray, para no complicarse), dos de zumo de limón, tres de agua con gas, un par de cucharaditas de azúcar y hielo picado a gusto. Pero el caso es que usted pide algo más, y para pedir ya ha perdido la ocasión, y que, por cierto, para ser ya tan mayorcito debería saber que no hay nada que esperar. Y si lo suyo no es darse al trago, o cortarse la oreja izquierda con una navaja barbera, siempre le quedarán las apuestas deportivas on line con *bwin,* que de las tres opciones es sin duda la peor.

Sr. Frodo,

Tengo una enfermedad terminal. Me han dado de seis meses a un año entre las mejores expectativas de la Seguridad Social. He adoptado una actitud estoica al respecto, como al parecer es costumbre entre los hombres, y se lo he comunicado a mis familiares más cercanos con un distanciamiento casual y humorístico incluso, un poco al estilo de Jason Statham o Idris Elba, actitud que al parecer algunos de ellos han sabido agradecer. El caso es que no sé qué diantres hacer de ahora en adelante, desde el principio o la obertura hasta la Grand finale, si dedicarme en cuerpo y alma a la lucha contra las especies invasoras o enrolarme en el PACMA y entrar en una especie de contradicción que me habrá de tener entretenido hasta que todo se vaya al garete y salga con los pies por delante. Y he pensado también en hacerme voluntario de la FVF, en Bangalore, pero si le soy completamente sincero la beneficencia como deporte de competencia no es lo mío. O quizás lo mejor sea tomármelo con calma y un cierto desapego, dejar al linfocito hacer la suya y no dar por saco al personal, acomodarme en mi sillón Vida XL y verme las mejores series de Netflix en una maratón suicida, o sólo Shtisel, o quizás "El Método Kominsky" mejor, una y otra vez, al tiempo que me cojo un pedal de un buen malta, un

Macallan 18, por ejemplo, o cualquiera que los amigos me quieran regalar, y que dure digamos desde hoy mismo, noviembre 15 del 2019, día de San Lucas 17, 26-37, hasta el día de Todos los Santos del 2020, o circa.

Jack, por email

Claro que sí, una *Grand finale*, tengo la sensación de que es justo lo mismo que *mon gentils analyseurs* le tienen reservado a este humilde analista. Y le cuento que me he quedado de piedra, muerto matado, como no hace mucho he oído decir. No sé sinceramente, querido Jack, si tengo alguna pócima para el mal que le atormenta. Así, a bulto, he pensado en Sueñodulce, Matalobos o el Estrangulador, ya sabe, en alguno de los venenos habituales de *Juego de Tronos* que en menos de lo que canta un gallo lo dejan a uno listo de papeles; o que haga usted un agujero con una pala junto a las raíces de uno de sus árboles más grandes del jardín y permita que éstas lo vayan envolviendo, lo que aparte de sedentario y aburrido resulta bastante incómodo, y si le digo la verdad no tengo claro a dónde lo pueda conducir tan singular cultivo. Y me ha hecho pensar incluso, y esto todavía lo empeora, en aquel marronazo de Francis Ford Coppola, en el Jack de Robin Williams, cómico de amargo recuerdo, al que conocí en la 2nd

Avenue cerca del Hilton de Miami Downtown hace unos cuarenta años, cuando todavía no había salido en los carteles. Y pensé en unos calzoncillos Jack & Jones de mi propiedad que adquirí en H&M o Lidl, ahora mismo no recuerdo. Y en Jack Nicholson, claro, en el Jack de *El Resplandor*, y en el Jack Black del Frat Pack, y en *King Kong* claro, y en *Kung Fu Panda*, que -y no se lo diga a nadie- siempre ha estado entre mis favoritos, que el día que los gordos se empoderen muchos problemas habrán acabado para siempre. Y para serle sincero, ni unos ni otros me han dado la más mínima razón de ser.

Lo que sí tengo claro es que ninguna de las ofertas que propone son de mi agrado. Aparte del hecho -que sí me complace- de que haya adoptado una actitud estoica muy cinematográfica, que no es la única pero sí la más recomendable, y la que mejor recuerdo deja. Y si no me cree, imagínese sólo por un instante en situación de jalarse los cabellos como en una novela turca o venezolana, o gritando como si le fuesen a arrancar las uñas con unas tenazas rusas o de pico, imagínese llorando como una magdalena o cupcake, como una plañidera murciana y guardando las lágrimas en un frasquito, o dándole la chapa a cualquiera que se le acerque a menos de dos metros de distancia.

Me comenta lo de enrolarse en una ONG o en la mismísima FVF. Qué quiere que le diga, no es sólo desproporcionado sino sospechosamente oportuno, en especial si le quedan sólo una docena de telediarios. Cuando si lo que de verdad desea o siempre ha deseado era ayudar a los demás, debería haberlo pensado antes y dedicarse a tan abnegado ejercicio no sólo durante las vacaciones de verano y no pensando en los gastos de alimentación y alojamiento pagados, sino hacerlo de una manera íntegra y autoexcluyente, ya sabe, como hacen los auténticos filántropos, sin el monovolumen coreano de rigor con su logo y un más que clónico *dothi* o *kurta* para estar a tono con los desfavorecidos, o si le va la onda más global, el *prêt à porter* tercermundista de los chorbos de Bangalore.

En cambio, confieso que sí que me ha gustado eso de dejar que el linfocito vaya a la suya, aunque ignoro si ese es exactamente su caso, y no uno parecido a aquello de las invasiones bárbaras que se han dedicado a colonizar y proliferar entre sus desprevenidos órganos, y que éstas hagan y deshagan y marquen sus tiempos a placer, y usted tan piola, que, según cómo se mire, parece una conducta de lo más sincrónica y adaptada a las necesidades de su dolencia y en perfecta coherencia con la lógica aplastante de las metástasis, una salida por cierto afín y muy complaciente donde las haya. Aunque, si me permite, déjeme decirle que se equivoca si ha pensado en elegir *Schtisel* para acompañar el laissez faire de sus células cancerígenas, que una telenovela jaredí no es lo mejor que le sienta al cuerpo en momentos como esos, en cambio Alan Arkin, o cualquiera de los episodios de *El Método Kominski*, y todo ese cinismo reconfortante es como una ráfaga de aire fresco para los moishes que han pasado ya los setenta y van camino al cementerio israelita de La Tablada o Berazategui (que era vasco) y cantando el Am Echad o el Hashem Melech.

En cuanto al Macallan 18, sepa que no podría estar más de acuerdo. Aunque si no estuviese a la altura, siempre podría conformarse con un JW blended o un Grant, que era otro de los clanes, y eso también lo encontrará en las series, de Netflix en este caso, que sin las plataformas en línea o los servicios por streaming ya no somos nada.

Ahora, si lo que de verdad quiere saber es que haría yo, su analista, en parecidas circunstancias, la verdad es que no tengo ningún problema en contárselo en dos o tres folios, lacónica y expeditivamente como es marca de la casa. De entrada, me olvidaría del bueno de Moncho, hijo de Vicente Ferrer, que tal como pinta las cosas al pobre apenas deben quedarle fuerzas para la oración de Jesús. El altruismo y la solidaridad no son lo mío, lo mío es más hacer el bien en casa, entre mis cuatro paredes. Todos sabemos que hay gente la leche de buena pero que siempre se deja la billetera en casa y le pregunta a uno, que es de Morón, y tal que ahora está en Barcelona, si hay algún cajero cerca para pagar a escote. Por supuesto que, sin ninguna alusión al bueno de Moncho que es más jesuita que catalán, que entre los mencionados no gastar es dogma de fe y una manera de tener siempre unos billeticos más en el zurrón.

En cuanto a hacerme un maratón suicida con las series de Netflix, podría ser, siempre que no incluyese algunas de las españolas, los thrillers franceses y por supuesto nada que venga del Líbano, del régimen de Erdogan o de Arabia Saudí, que esos longuis sólo saben de marcas de lujo y cómo rascarse el culo con disimulo por encima de la casulla. Aunque deje que le diga que eso es precisamente lo que hago yo mismo después de las noticias de la 6 y desde que me separé, y van tres, o cuatro si contamos la que duró un mes, ver la tely, que no rascarme el culo. Cosa que la verdad no está mal y lo deja a uno muerto matado mucho antes de que acabe la función. Y lo hago cada día como mis abluciones, antes de irme a la cama y releer a Gill, antes que la farlopa haga su labor, que si algo me enseñó mi madre es que nunca hay que irse a la cama sin haber tomado antes una pastilla para dormir. Pero, a diferencia de usted, lo hago naturalmente sin saber si tengo o no una enfermedad terminal, lo que le quita al drama un montón de sobrecarga emocional y permite que uno fije la atención, por ejemplo, en detalles como si fulanito es de la casa Stark o Tyrell y menganito de los Dorne o los Martell, o si el peor linaje es el de los Lannister, y estos a su vez son primos lejanos de los Dorda o los Frey, y todos conspiran contra todos aunque no todos a la vez. No le voy a negar que lo de las series está bien, pero que ya hay un montón de personal muerto matado (que me ha gustado la expresión) utilizando ese mismo device, y lo de morirse uno mismo y no cualquier otro, es como un asunto mucho más serio y personal.

El Macallan, en cambio, sí que me vale, como ya le dije. Aunque también me serviría un Grant, que no es un clan como el de los MacLeods o los MacNabs, de Loch Earn, pero qué más da si voy a liar el petate antes de que esos gorrinos laven su kilt, y para entonces ya estaré más jarto de tanto padecer como para saber si me estoy tomando un buen malta o una jarra de pis de caballo, como también dicen en Netflix, empresa de contenidos audiovisuales que, por cierto, mi madre

jamás tuvo el gusto de conocer, pero antes el *Perro* que
un milenial del montón.

Qué haría yo entonces unos meses antes de morir.
Pues, para empezar, creo que hablaría un poco menos y
bebería un poco más. Luego reduciría mis lecturas a dos
o tres autores nada más, y a obras que ya habría leído
alguna vez, y aquellas que tuviesen sintonía con la
pálida a la que me he de enfrentar. Reduciría mi vida
social aún más, y tendría que decidir sin incluiría en ella
ya saben a quién y a quien no, pero en ningún caso
perdería un solo minuto con nadie que no fuese de mi
cuerda. Comería bien también, y con eso no quiero decir
alimentos saludables, sino aquellos que por mi estricta
educación proletaria nunca antes hubiese tenido la
soberbia de degustar con regularidad, como la perdiz en
escabeche y el caviar. Es probable que dedicase también
alguna reflexión al tema de morir, a sabiendas de que no
conduciría a nada que no haya dicho algún otro
pelotudo en alguna otra ocasión. Y todo quizás para
llegar a la conclusión de que tanto nacer como morir, no
es mucho más que un trámite del que se ocupa más o
menos exclusivamente la Seguridad Social, y si hay algo
relevante en eso, que es lo que la mayoría de la gente
parece pensar, le digo que está todavía por enunciar.
Porque la muerte me temo, querido Jack, es un ejercicio

como precario y banal, una esquela en el ABC para el nacional catolicismo habitual, mientras que los rojos no salimos en los papeles por lo general, o en el mejor de los casos en un pasquín de finado en el pueblo junto a esos que acusan a Xardá (entre otros) de terroristas de la información. Morir es una putada, según cómo y quién, y una cosa es si el fiambre es un pelado y otra muy distinta si es el reinaldo de *Desembarco del Rey*.

Y, pensándolo bien, es probable que me dedicase a investigar en plan forense u Holden Ford (y la Unidad de Análisis de la Conducta) la naturaleza secreta del dolor, o si acaso es verdad que mucho más que morirse duele una fisura en el tejido delgado del orto, de la que sí siempre tendré algo que comentar. O quizás me dedicaría a reflexionar si hay algo trascendente y como una luz al final, o todo es más oscuro que el sobaco de un mono, más negro que un negro haciendo café. Tampoco tengo muy claro, a decir verdad, qué haría con Jack, el Sr Russell, si dejarlo yacer a mi lado en la cama, lo que supongo le daría a todo un toque demasiado pastoral, como las cabras y las ovejas en el Portal de Belén, o si lo dejaría en el jardín ladrando como un caminante blanco y jodiendo al bueno de mi cuñado que, por supuesto, no tiene nada que ver con la mencionada, luctuosa y todavía hipotética defunción.

O quizás hiciese un viaje, durante el segundo o tercer mes, mientras todavía pudiese montar, y no al sur o a poniente, sino cruzando en barco el mar angosto a una población tranquila y bucólica en el norte, en donde pueda beber a placer y embaular, ponerme manteca a base de steak and kidney pies, black pudding y haggis. A la misma Escocia o a un lugar como Whitby o Grasmere, por ejemplo, en donde no me conozca la farmacéutica ni el gestor del Banco, y en donde morir sea un poco más, por favor, Shakesperae o Marlowe y un poco menos Lope o Echegaray. O hacer realidad la pintoresca profecía de mi propio *2100* (lectura que me atrevo a sugerir) y morir en un monte en un pueblo del Japón del último shogunato, lo que sería sin duda de lo más estrambótico, un poco como si los nacionalistas catucos reconocieran que Crimea es más rusa que el borsh.

O podría ser que eligiese desandar el camino y volver a Via Arbia, entre el Parco Virgiliano y la Villa Ada Savoia, y luego a Chester Row, Belgravia, junto al Duke of Wellington, y a Princesa 3 dpdo, con vistas al Templo de Debod y a los atardeceres en la Casa de Campo. Para terminar en Punta, en la calle 7, hoy Capitán Miranda, en un continente exótico todavía por colonizar. O lo más seguro es que no hiciese nada por pura fiaca y cierta desazón, excepto quedarme sentado en mi sillón con una sonrisa crepuscular, una quietud sombría, como la de la vieja a los 93, susurrando por lo bajini a sabiendas de que nadie me va a escuchar y viendo una y otra vez la película de mi vida con una *shaky cam,* a lo Sam Raimi o Cassavetes.

Dr. Frodo,

Shame on that, mumbo jumbo… toca joderse o salir por pies, me puede decir, Doc, quién carajo de verdad es usted, si el Capitán Trueno o el Guerrero del antifaz, si es zurdo o la culpa la tiene la cocó. Me puede decir qué hay en su imaginario, es un poco mi último deseo antes de cerrar este volumen II que me acabo de leer y quedarme a la espera del III, mientras me dedico a algo, digamos, más educativo.

Lucas, por email

Frio, frio…ningunos de los dos, tampoco de los otros por si le puede ser de alguna ayuda, ya sabe, ni Thor, ni The Hulk, Wolverine o el Capitán América. Pero si le parece, le propongo jugar a un juego que no es el scrabble o el ajedrez, uno que yo llamaría *guess who's the fucking moron or the fake fucking Sigmund Freud.*

Primero le diré todo aquello que tengo la firme convicción de no ser, por mucho que uno lo desee, porque si usted es, digamos, Lord Tyrion Lannister, de Casterly Rock, un enano de tres pies que no para de rajar, no sueñe con ser ningún Sir Gregor Clegane, de siete pies, o si usted es Danny De Vito o Frodo Bolsón y quisiera ser Jason Momoa, que tiene sus 1.90 y más. Y después le diré todo lo que sí creo ser o que me gustaría ser, lo que es una figura de lo más psicoanalítica cuyo nombre me abstengo de mencionar, en tanto es evidente que sabe usted tanto de análisis como un palestino de la Universidad abierta de Al-Quds. O en su defecto, le diré aquello que creo ser, que también nos guste o no, es una figura que aparece en el *Enchiridion*, de Laplanche y Pontalis, que no de Pendleton Ward y Hora de Aventuras. Todo, eso sí, bien sazonado con una especia de elaboración propia, un curry hecho con las respuestas de mi volumen II, el mismo que está usted a punto de acabar o ya leyó. Y si después de todas esas páginas de materia oscura y sátira fluida todavía no sabe quién soy, o es usted un necio o es que hay algo que falla en su sistema de detección de imaginarios o SDI, el síntoma de una flaca a la vez que obscena falta de sensibilidad intelectual. Y con estos resultados haga luego un poco de álgebra, si le parece, una ecuación del tipo e = mc2, por ejemplo, y saque luego sus propias conclusiones, aunque puede que le deje al final un par de sugerencias que habrá de tener en consideración, sin ánimo paternalista o de patronizar.

Pero permita que empiece a jugar ya mismo. No soy su padre, ni biológico ni adoptivo, ni putativo, no formo parte a saber de su desconocida genealogía. Cocó (que es cocaína en cierto lugar) la justa, y zurdo no se le voy a negar. En cualquier caso, soy más una célula compleja que una bacteria, y eso tampoco nadie me lo puede negar. No trabajo para el gobierno español, ni para el catalán en el exilio, que como imaginario se lleva el premio gordo a la testarudez, no pertenezco a ninguna agencia de inteligencia, soy un individualista reincidente y todo el espionaje del que respondo lo hago en mis calzoncillos. No soy un médico de familia que se ha dejado barba, una Balbo media en este caso particular. No soy judío, ni vivo en Viena, aunque sí viví en Londres, pero no en los cuarenta, sino treinta y cinco años después, y no en Hampstead, North London, sino a unas pocas calles de Belgrave. No tengo poderes, como Jessica Jones, y si tengo que subir a un quinto sin ascensor lo hago por la escalera. No practico ningún deporte conocido, pero podría ser que arrimando la bola grande a la chica pueda ser considerado uno de los mejores en mi especialidad, que no es la petanca o la pétanque, pero se le parece un montón. Hablo idiomas, al parecer igual que usted, aunque lo suyo, tengo la impresión, no es académico y juraría que viene de *Los Soprano v.o.* Y ya que hablamos de series, le diré que no salgo en ninguna, ni formo parte de ningún chat, ni he escrito jamás un solo tweet, ni malo, como presumo son los suyos, ni bueno, como los de mi estimado navy seal

APR, conducta imperdonable que sospecho me colocaría de inmediato en la pole position de la lista de indeseables de su bonita generación de eyaculadores precoces y depilados masculinos de cuerpo entero. No soy político, ni actor, ni probador de toboganes acuáticos, ni buzo recogedor de pelotas de golf, ni diputado nacionalista patafísico de la última generación de falsos emancipados.

En cuanto a lo que sí soy, o creo ser, le diré que soy blanco, caucásico, de mediana estatura, y en estado de erección probablemente no supere los 16 o 17 centímetros de sogan o garompa, y, por cierto, dónde se ha visto un negro que abra consulta en la red, y que no proceda con menos de veinte centímetros en formación de ataque. Soy secular, laico o profano, como podrá haber adivinado, y mantengo una relación antagónica con la iglesia, de lo contrario usaría expresiones como conducta cristiana o revelación infalible de Dios, el hogar, la familia o la reafirmación del matrimonio cristiano, y no las que habitualmente utilizo. Soy un sátiro, pero no en el estilo del séquito de Dionisios, una *criatura de los bosques con un desaforado apetito sexual*, sino más en el estilo de las parodias de Juvenal o Petronius, Arniches o Tom Jones, salvando las distancias. Omnívoro, claro está, y no hago una lectura convencional de aquello tan social demócrata de salvar el planeta lúdicamente, ni lo de manifestarse en tetas, como algunas pibas de Femen, lúbricas exhibicionistas a lo Trumpo. Pero sin ninguna clase de dudas, las prefiero a ellas, y ojalá hubiese muchas más, antes que Trumpos en pelotas. Soy un ilusionista, y en los setenta llamaban a eso *seance* o dorar la píldora en el diván, aunque hoy ninguna histérica se tumba de espaldas junto a un analista como no tenga la seguridad de que no va a tener que chuparle la rata o hacerle un pete, como dicen en Uruguay, ni nadie le cuenta hoy nada a nadie por miedo al *impeachment* o a que lo pille Hacienda por derivados, y prefiere despacharse colgando sus grafitis en la red en plan microblogging.

Soy analista, aunque el coronel Maldonado diga lo contrario, pero no presumo de ello, y acepto psicoanalista como animal de compañía. Lo que yo hago no tiene nada que ver con eso ni con ninguna cosa parecida que usted haya podido leer en cualquier otro lugar, incluidas sus viejas fichas de primaria y manuales de autoayuda. Además, en los tiempos líquidos que corren, entre inventarse un título o tener uno de verdad no hay ninguna diferencia real. Soy crítico con la mayoría de los que escriben, en especial con los novelistas, y creo que la única escritura que vale hoy es la que hacen algunos académicos y periodistas *indies* de unos pocos, no todos, diarios *on line*.

Estoy ahora mismo en plan de revisar mi estatus y condición, y considero la posibilidad de que los más perjudicados regresen a un lenguaje signado, al *nonsense* del mundo al revés de Alicia, por ejemplo, o a las cacofonías de Burgess hechas para los neandertales, o al de los simios menos articulados de Muir Woods, y no tener que seguir aguantándolos ni un día más. Tengo un ligero sobrepeso, y no sería capaz de volar o desplazarme a gran velocidad o estirarme como un chicle, y tengo menos fuerza que el peo de un marica, podría parecer, aunque la suficiente para darle un guantazo a un gilastrún como usted, que después de más de trescientos cartones como éste, no sabe todavía donde pongo la jodida *a* o la *b*, y si mi complicada sintaxis es así o asá, o más importante aún, si aquello que digo está dirigido al *yo* o al *ello,* esa parte que usted reprime y seguro que es mucho peor de lo que cabe imaginar.

Vale, lo ha adivinado, la energía de mi cuerpo en reposo es igual a su masa multiplicada por la velocidad de la luz al cuadrado, la misma fórmula de la que hablábamos al empezar. Lo ha adivinado, pero no lo entiende todavía. Vale. No debería preocuparse, porque las dos reglas más importantes de este juego dicen: primero, que no es necesario entender para poner a la física en su lugar, no digamos para corregir esas insignificantes psicopatologías suyas sujetas todavía a la fuerza de atracción de la gravedad; y segundo, que si de verdad quiere entender y, por algún motivo ajeno a la teoría de los cojones, no le resulte conveniente dejar las cosas dónde están, debería saber que le toca esperar, y tratándose de un zoquete de su magnitud, le diría que cien años líquidos en la escala Bauman. Y mientras llega su oportunidad, le sugiero vaya practicando el lenguaje de los simios, que más pronto que tarde tenga usted por seguro le tocará hacer el mono como a todos los demás.

Y si después de todo esto, sigue pensando en algo más educativo para su formación personal, querido Lucas, siempre le queda la lectura de un Premio Planeta o *Sálvame*, disrupciones o rupturas que se acercan al latín vulgar. Mientras que los de mi cuerda estamos más en la cosa, si me permite, intelectual, porque si uno quiere ser de verdad honesto debería dejar las buenas intenciones, el mamoneo y el plagio en Wikipedia para los otros, y olvidarse de clonar torpemente a los demás.

Not bad, Ben, Ben de Benancio o Benigno. Me pregunto si será usted de Copenhagen o un emigrante de la ciudad de Don Benito, en la provincia de Badajoz, en busca de buen clima escandinavo y la panacea de las nuevas sociedades del bienestar, y porque no, un polvo fácil en Vesterbro, que cuando en España nos hacíamos la puñeta con postales de monjas en blanco y negro, los daneses tenían pornografía a todo color.

Sí, lo he sido, Ben, hasta la extenuación. He viajado mucho, en cantidad, a porradas, más que Vasco da Gama y Cristóbal Colón juntos, y ahora me dedicó al Sr Russell, cuando no estoy haciendo bifes a la rusa o poniendo lavadoras, como es tradición entre los desposados en pleno disfrute de la jubilación. Aunque apostaría 5 a ganador en *bwin* a que Bellow, con cinco matrimonios frustrados -y porque no tuvo tiempo para más- no ha puesto una (lavadora) jamás. Viajar, Ben, es lo mejor que le puede pasar, porque cuando se viaja no se está en casa, y ya sabe lo que le quiero decir, salvo que el Athletic gane la Champions y sea usted de Bilbao. Y por si eso fuera poco, es la única cura para los nacionalismos paletos, el fanatismo pacifista y la intolerancia hacia los demás, aunque conlleve el riesgo -si elige el sur- de contraer el mal de Chagas, la fiebre amarilla o cualquier otra enfermedad tropical. Y si se trata de sunny Kabul, como dice usted, Peshawar, la República Democrática del Congo o Costa de Marfil, se lo digo yo, mucho mejor aún, mejor que un todo incluido en Cancún o un safari privado con The Luxury Safari co. Y si prefiere ir más allá de Poniente, y al primer mundo desarrollado, tenga cuidado en especial con las lenguas que se hablan allí, porque con la suya autóctona nunca le van a dar una mesa en Le Bernardin.

Se trata de eso o de volver a los lugares que le hayan dejado un buen recuerdo la primera vez que los visitó. Y si aquellos a los que ahora va no son de su agrado, mejor quedarse en casa y escribir un pequeño artículo defenestrándolos, denostándolos, poniéndolos a parir, como en su momento hizo Gill con Gales, Norfolk o la Isla de Man, aunque al final le cueste una estentórea y seguramente muy difundida reprimenda de la

Commission for Racial Equality y otra de *Press Complaints.*

En cuanto al eco turismo, le voy a ser sincero, no tengo muy claro exactamente qué es, o de qué va, si se trata de ir a donde no hay nadie o no hayan puesto todavía un pueblo o una ciudad, o a lugares insoportablemente eco cálidos en donde puede estar seguro lo pillará una eco tala bestial progresista de Jair Bolsonaro, presidente de Brasil, la contaminación del delta del Níger o la desaparición del mar de Aral. Y para más información eco exótica sobre la aniquilación del planeta puede consultar si lo desea a la NDC o el Centro Nacional de Desastres de Papúa Nueva Guinea. Y si eco turismo es, en cambio, ir a una platanera de la United Fruit en Costa Rica, al Valle del Marne en Champagne o a cualquier lugar con claro predominio del verde chartreuse o forest green, y hacerlo con una actitud como bucólica y falsamente distendida, le aseguro que es incluso mejor quedarse en casa, en donde quiera que esté.

Y si eco turismo es algo diferente, como pelotudear en un lugar vacío o romperle las bolas a una familia de gorilas de montaña en las Virunga de África Central, o reventar una playa idílica en Ko Samui o las islas Phi Phi, en el mar de Andamán, mejor quedarse en casa también, y mirar con ternura esas diminutas macetitas de Espatifilo que se compró por la razonable suma de $1.90 en Lidl, tienda eco ecológica donde las haya y del imperio alemán, y ahorrar así un poco para cuando llegue el día en que tengamos menos de noventa, una mierda de saturación de oxígeno en sangre, y dificultades para respirar.

En cuanto a la actitud -y esto es mucho más relevante de lo que se pueda imaginar- no le quepa duda, ni se le ocurra comprase una guía jamás, trace su camino al azar. No haga una lista de los lugares que su agencia aconseja visitar, si quiere lea a Heródoto, a Tucídices y la guerra entre Esparta y Atenas, o los viajes de Thubron a Asia central, pero no lea a ningún boludo de City Pack, no siga ningún patrón, ni haga caso a la gente a la que le pagan por viajar. Haga sencillamente lo que le salga del cuero, no madrugue si no quiere, ni se acerque a ningún lugar que vea petado de personal, busque sus propios rincones y piense lo que le salga de las bolas pensar, en materia de viajes no hay preceptiva ni nada que sea necesariamente obligado hacer. Evite los lugares comunes salvo que sea usted de esa misma condición, acérquese a la gente y cállese como una puta, no diga lo primero que se le ocurra y aprenda a escuchar. No machaque al primer local que se cruce en su camino o a su guía ocasional, con sus encomios, con su lírica fácil, y menos con el panegírico de las cosas de su nacionalidad, no le haga a su anfitrión un Testigo de Jehová. No aleccione, no pontifique, limítese de una vez por todas a mirar y a escuchar, y no tenga miedo de tocar con sus manos a los demás, aunque se trate de un afgano (gentilicio de Kabul), un pakistaní, un congoleño o un mercader de Adís Abeba que no se haya duchado en un mes, que de poder no le quepa duda se ducharía mucho más que usted.

Y -más importante aún- viaje siempre con sus prejuicios en el morral (que como diría Bloom, académico y maricón: *prejudices are visions about the way things are... Error is indeed our enemy, but it alone points to the truth...*) y haga su relato a partir de ahí. Porque cualquier cosa que lea, seguro no va a funcionar, ya que no importa dónde vaya y lo relativista que sea la peña, sus prejuicios siempre viajarán con usted, *and the mind with no prejudices is nothing but empty...*Viajar es una experiencia íntima que comparte uno con quien quiera y una teoría de la subjetividad (el libro que no me pienso morir sin escribir... *and I am a great believer in the power of unfinished work to keep you alive)*. Y tenga presente, querido Ben, que viajar es eso o algo parecido, o sólo un estereotipo más.

Y si me pregunta con qué me quedo, si con la ciudad o con el campo y la playa. No le quepa la menor duda de que me quedo con la ciudad, porque el campo es para trabajar o está condenado a desaparecer, y si quiere le desafío a que me explique cómo se hace para ir a un lugar que ya no está. En cuanto a las playas, todas son iguales o adolecen de una sutil carencia de personalidad, y tanto las playas como el mar uno las visita por omisión impropia o comisión por omisión. Aunque imagino que esta digresión ya es un poco demasiado para usted. Y, la verdad, creo que sólo hasta aquí le puedo contar.

Estimado Doctor Frodo,

El año que viene cumplo 69 y todavía no sé pelar un huevo duro sin que la cáscara se fragmente en mil pedazos y el huevo en cuestión termine como la soriasis de Jorah Mormont (lo digo porque he visto que conoce la serie). Mi hijo me sugiere que lo googlee, y sus amigos que los compre pelados por Amazon. Por mi parte he decidido comerlos fritos, que es menos semita pero mucho más divertido. El huevo en cualquier caso es lo de menos, lo que no quiero es terminar googleándolo todo, hasta mi crisis matrimonial, ni alternativamente crear una liaison permanente con Amazon, macromonopolio que acabará de un plumazo con el lúbrico panteísmo de todo el pequeño comercio vecinal, monopolio que se convertirá al final en el único Dios verdadero, como el monoteísmo con Akenatón.

David, Madrid

La verdad, querido David, no tengo muchos suscriptores en esa anodina ciudad, y así como de pronto me ha dado usted un alegrón. He pensado en que es judío por aquello de llamarse David, como el David del Segundo Reino de Israel, o podría ser por el oculto pasado judío de su ciudad. Pero después me he dado cuenta que no, porque hay un montón de pelotudos católicos y de otras confesiones que se llaman igual, y porque los hermanos sionistas y los partidarios del estado binacional comparten con los huevos duros una larga tradición en sus protocolos de alimentación.

Pero antes de entrar en materia, permítame que le recuerde que la peña acostumbra a llamarme Doctor o Señor, y por lo general los únicos que me llaman Frodo a secas, son los colegas de La Comarca y sus amigos los elfos, ya no le digo mis amigos, entre otras cosas porque no los tengo, y quizás por la única razón sostenible de que no hace mucho se ha descubierto que la amistad es una falacia o una falsa apariencia, como en la mimesis de Platón. Y una vez dicho lo anterior sin rencor, vamos ya a por la perra gorda, y de paso le ruego haga llegar un cordial saludo a la quizás no tan anodina ciudad de Madrid y a la minúscula Comunidad Judía que allí habita, de la cual algunos miembros tengo como conocidos.

Usted no lo ha googleado, pero yo sí, y le juro que es más fácil pelar esa primitiva estructura que aplastar una cucaracha con el pie (especie, por cierto, también ovípara) o dar un paso andando y otro después. Y al tipo que lo inventó deberían darle el Nobel, en lugar de dárselo a los suizos por descubrir cosas tan banales y escrupulosas como los exoplanetas, que exos o no, a la gente de a pie le importa menos que el ciclo de reproducción del percebe, o a la misma Sra. Duflo que se lo dieron *por comprender la vida económica de los pobres y evaluar políticas sociales, bla, bla, bla...* Sé cómo se hace (pelar un huevo duro) pero no se lo voy a decir, googléelo usted mismo, que siempre hay una primera vez. En cuanto a eso de googlearlo todo, tengo serias dudas de que le plantee un problema, y de ser así no me imagino cual, a menos que en el pasado haya sido usted, querido David, adicto a la *Encyclopedia Britannica* o a la *Encyclopédie Universalis* (cosa que dudo) y hoy un férreo detractor de la transmisión del conocimiento *on line*. Pero le apuesto lo que quiera que, en ninguno de esos dos enormes monopolios ilustrados, igual de aparatosos que el Código Manesse o el Beato de Liébana, por citar sólo dos, encontrará referencia alguna a tan ingenioso, a la par que sencillo, ejercicio de ingenio.

Lo de Amazon, David, ya es otro cantar. La verdad es que tiene sólo dos opciones : comprar su nuevo ordenador en la tienda del barrio, en donde se lo venderán más caro o le aconsejarán que mejor un Amstrad CPC 464 (de 64 KB RAM) cassette drive, que el último modelo de Apple, que mucha fama pero poca chicha, porque no lo tienen en ese preciso momento pero lo pueden pedir; o comprárselo a Amazon más barato y que le llegue a casa en menos de lo que dura un pollo para seis, en especial si es usted de Amazon Prime, aunque a sabiendas de que estará contribuyendo a alimentar un Leviatán, un gran estado totalitario que va a devorar la tienda de electrónica del hijo de la Montse, la mujer del Jordi, que vive a dos calles de su cuchitril, sustituyéndolo por una super tienda global, una especie de omnipotente divinidad que está en todas partes pero no se oye ni se ve y que jamás le dirigirá la palabra a usted.

Ahora, piénselo, y antes del alegato dígame con qué se queda, si con la tienda de la Montse y toda la quincalla que ha acumulado desde las rebajas del último decenio y su protopolítica de precios inmoral, o con la magia de Jeff Bezos y su mujer en un garaje de Seattle. Y como él mismo dijo, hay compañías que trabajan para cargar más, y las que lo hacen para cargar menos, *to charge less. We will be the second.* Y dígame si está usted con Jeff, ese supervillano corporativo hiper competitivo, esa hidra de mil cabezas de sangre fría que come pulpo como si fuese un vecino de la Illa de Ons o Arousa, o con la Sra. Montse y su crudo mercantilismo de barrio que es el que sustenta las pequeñas oligarquías de los pueblos, por ejemplo, y los micro nacionalismos en boga de hoy. Y me pregunto, David, por qué diablos hay algunos que piensan que es mejor sustentar solidariamente las iniciativas locales que funcionan a partir de complejas redes de convivencia e identidades, o la supuesta exclusividad, muchas veces falsa, de productos singulares destinados a la burguesía de las ciudades, que comprar más barato y que te lo lleven a casa sin que nadie te suele la trola. Por cortedad de miras o patriotismo, los unos, y los otros por contribuir a la creación de un gigante que terminará extendiéndose como una pandemia y dejará marcas imborrables en la historia del *homo economicus* y en las células madre del libre comercio. O porque para los primeros es la única forma de socializar, y para los segundos la única de aislarse de los demás.

No se ha preguntado acaso por qué razón la gente en lugar de trabajar y contribuir al desarrollo prefiere abrir sus propios negocios familiares con la única intención de gravar un poco más los precios y hacerse inadvertidamente con una fracción más grande del patrimonio de su cliente o víctima. Y dígame por qué la pequeña tienda de la Montse es mejor para los intereses generales que el Amazon de Bezos & partners. Por complicidad ideológica, por nepotismo, o porque a la todavía estructura prefeudal de su barrio o de su pueblo le interesa. Acaso no sabe que en los mercados de la antigüedad y en los de la Edad Media, y ya en la Grecia clásica (en el 330 AC) se utilizaban instrumentos derivados para regular el mercado, y que sin embargo hemos tenido que esperar hasta hace sólo unos años para tener uno organizado. Y que la Montse está en contra de la regulación y la transparencia y la convivencia pacífica entre propietarios y clientes. Piénseselo, querido David, y cuando quiera dígame algo.

Ya veo por donde va, Abel. Y debo decirle que lo primero es verdad, y lo segundo también. Y si las mujeres hoy no cocinan, no es porque pertenezcan a otra especie que el *homo sapiens* o a un registro fósil diferente, o porque se trate de un simple caso de dimorfismo sexual, sino por alguna otra oscura razón. O será acaso que la mujer de hoy o *mulier abstentio* piensa siempre que *tata in culina est,* y no cocina porque no le sale de los huevos, que no es otra cosa que una expresión popular de la misma familia que la violencia de género.

La verdad, Abel, es que ellas no cocinan, no porque no sepan, sino porque tienen otra cosa que hacer, como dirigir el Fondo Monetario Internacional o la Presidencia del Banco Santander, la ISM (Internacional Socialista de Mujeres), la YWCA, la presidencia de la Comisión Europea o la Organización Mundial de Mujeres Sionistas, aunque es poco probable que se ocupen de algún organismo internacional, pero ya le digo que no es porque no les guste cocinar.

Las mujeres no cocinan por varias razones y todas probablemente de naturaleza sociológica o económica, que no de otra (biológica o antropológica). No lo hacen porque cocinar en casa no es un trabajo remunerado, tampoco lo contemplan las asociaciones profesionales de autónomos (salvo el kirchnerismo peronista) ni los estatutos de la salud laboral. No cocinan porque los hombres han descubierto que cocinando se gana una pasta, si te llevas dos o tres estrellas Michelin, y no en el mesón del barrio, sino haciendo de gurú en la televisión o vendiéndole la moto a los raritos o *nerdies* de la estética culinaria, triste icono de esta segunda década de mujeres al poder. No cocinan porque les trae recuerdos nefastos del tipo *siempre que vuelvas a casa la encuentras en la cocina...* u otros enunciados machistas de una época anterior. No cocinan, porque no cocinar durante el franquismo era una prerrogativa anarquista y un juicio moral implícito, porque según la Guía de la esposa perfecta de la Sección Femenina y Doña Pilar, eso era parte de su papel en la reconstrucción nacional, junto con el de madre de la descendencia nacionalcatólica, reina de su casa y defensora del modelo patriarcal y de la feminidad tradicional. No cocinan porque en el momento en que se enfrentan a una pila llena de platos sin lavar o a la perspectiva de pasar parte de la mañana pelando patatas experimentan una especie de shock postraumático, y descubren una relativa incapacidad inédita en su género que la Nouveau Guide o el Gault-Millot y otros gadgets falócratas de nuestro tiempo vienen a confirmar.

La maduritas no cocinan, y las más jóvenes también, y digo también porque no cocinar no es sólo una reivindicación sino a la vez un atributo de género todavía sin especificar. Y si las mujeres trabajadoras no cualificadas no lo hacen es porque tienen que entrar a la Seat a las ocho am y salen a las tres, y luego tienen que ocuparse en hacer lo propio de la mujer *ajourné*, reunirse con sus amigas sindicadas a la nueva revolución de mujeres en bolas con tatuajes perecederos en la piel, ponerse sus uñas de acrílico artificial en el salón vietnamita del barrio, ir a la peluquería o limpiarse la cara con Clearasil. Y las otras, las licenciadas o con posgrados y masters en el extranjero prefieren mil veces gobernar el país antes que hacerle las lentejas con chorizo al meapilas del cónyuge en adopción, que probablemente sea funcionario también o esté en la empresa privada con un cargo de dirección, y de ser así la que cocina es por lo general la ecuatoriana sin contrato, y a veces no sólo lentejas sino ceviche de pescado, arroz guayaco, yuca o patacón. Y las conservadoras que todavía lo hacen, por lo general son los lunes después de volver de la fábrica y lo dejan en tápers para la semana.

Y si las más jóvenes tampoco lo hacen es también por los mismos motivos o porque tienen que estudiar, como se suele decir, y algunas entre ellas porque piensan que el consumo de carne roja va a acabar con el planeta en su conjunto y prefieren pasarse a las eco ensaladas de Veritas o Carrefour, las vainas de soja o los glutamatos, y olvidarse de los sabores primarios que necesiten ser cocinados y no vengan en sobres que sólo tengan que cortarse por la línea de puntos. Y si se trata de neo burguesas jóvenes con mosca, siempre les queda el Bionéctar, el Lúcuma o los japos, y utilizar todos sus viejos genes culinarios como arma arrojadiza con la que darle caña al varón de nueva generación que se ha vuelto más machista que los Primo de Rivera & Friends, y extraerle así los jugos que les quedan de aquella abyecta y vieja masculinidad.

Vale. Pero qué pasa con las otras, con las que, aparte de trabajar, cocinan también. Las que después de firmar el pacto con los malos y los lánguidos de la UGT o de haber traducido a su lengua los1500 folios de la última sentencia de su Juzgado de Instrucción, mientras sus maridos están cortándose sus barbas hípsters o su degradado alto hacia atrás y comprándose unos pantalones pitillo que dejen ver sus tobillos desnudos, o buscando la chaqueta más gilipolla y estrecha que puedan encontrar, o porque han salido de excursión con sus amigotes de la H.O.G, el club oficial de harlistas en nuestro país, dígame qué pasa con ellas. Pasa que las pibas están demodé, obsoletas, y viven todavía a la sombra de sus viejas madres retraídas, rancias y tardofranquistas que no tenían la más mínima idea que las mujeres, aunque chiquita, tienen su propia boba o muñeco también.

La verdad, querido Abel, las últimas en llegar lo tienen mal, se extinguirán lentamente como en un *travel* de retroceso combinado con un *zoom out*, algo con un intenso efecto dramático y romántico a la vez. O será que llegará el día en que la cocina toda se extinguirá y ya no habrá especies que cocinen en todo el espectro taxonómico antes de la extinción global, y la comida venga en paquetes o enlatada, liofilizada o deshidratada, y los restaurantes se conviertan al final en los lugares de culto de aquellos que los puedan pagar, en tokens de una civilización ociosa que se resiste a hacer nada por los demás sin recibir una retribución en pesetas, duros de curso legal o bitcoins.